행운을 부르는 포춘 사이클

인생의 사이클을 알면 미래를 바꿀 수 있습니다.

Fortune Cycle: Knowing the cycle of life can change the future by IBURURUDO HARUKA
Copyright ⓒ 2017. by Ibururudo Haruka All rights reserved.
Korean translation Copyright ⓒ 2017. by Star publisher.

이 책의 한국어판 저작권은 저자 이브루루도 하루카와 독점 계약한 별출판사가 소유합니다.
저작권법에 의해 한국 내에서 보호를 받는 저작물이므로 무단 전재와 복제를 금합니다.

★

당신만 포기하지 않는다면
가치 없는 인생이란 없어요

만약 당신이 자신의 인생을
후회하거나 고민하고 있다면
이 책을 읽고 현재를 직시하세요

그리고
포춘 사이클을 이용해서
당신의 꿈을 이루세요

그게 나의 바람입니다

이 책을 만난 순간
당신의 운명은 이미 시작되었으니까요

저자 소개
이브루루도 하루카(イヴルルド遥華)

최강의 긍정 어드바이스로 입소문을 타면서 모델, 여배우, 스타일리스트, 에디터 등 다양한 업계 사람들에게 절대적인 지지를 얻은 화제의 해피 포춘 어드바이저. 서양 점성술과 타로를 시작으로 자신이 만든 오리지널 마인드 넘버와 포춘 사이클까지 시야에 넣은 포괄적인 시각으로 인생 사이클을 분석한다. 그리고 방황하는 사람들에게 가장 현실적인 대안을 제시하면서 용기와 힘을 불어 넣어주고 있다. 인생의 흐름을 24분기로 나눈 포춘 사이클은 일본에서 뜨거운 반응을 일으켰고, 현재 『JJ』『ELLE JAPAN』을 비롯한 다양한 매체에 포춘 콘텐츠를 제공하며, 저서로는 『운명이 달라지는 개명』『바라면 이루어지는 포춘 사이클』『운명의 포춘 Amulet』『쓰기만 해도 행운을 부르는 비법』외 다수가 있다. 한국에는 TV '뷰티바이블 2017', 잡지 『보그 코리아』『마리끌레르』등을 통해 소개되었다.

공식 홈페이지 http://www.ineori.com
페이스북 https://www.facebook.com/lourdes.eve

행운을 부르는
포춘 사이클

인생의 사이클을 알면 미래를 바꿀 수 있습니다.

이브루루도 하루카 지음 | 양지영 옮김

편집자 서문

바람이 불지 않으면, 내가 달리면 되잖아!

제목이 익숙하시죠? 지칠 때 힘이 되어준 문장이자 누군가를 위로할 때도 자주 사용하는 표현입니다. 블로그와 카페에서 만나다 이렇게 인사를 드리니 또 다른 느낌이네요. 이 책을 만들게 된 동기를 말씀드리고자 잠시 지면을 빌렸어요. 이 책은 '나답게' 살아가기 위한 첫걸음이 아닐까 생각합니다. 안개 속에 멈춰 서 있던 지난 5월 워크숍에서 이브루루도 선생님과 운명적인 만남이 있었어요. 긍정 에너지가 넘치는 열정적인 분이셨어요. 왜 함께 있으면 괜히 즐겁고 신나고 유쾌한 그런 느낌 있잖아요. 내가 나답게 살 때! 가장 잘 사는 것이고 행복에 가까워진다는 걸 깨닫고 심장이 쿵쿵 설레는 시간이었죠. 워크숍에서 얻은 신비한 경험을 여러분에게 전하고 싶었는데 몇 가지 문제가 있어 블로그를 통해 전할 수가 없더군요. 잠시 상심의 시간을 보내다 무작정 선생님을 만나러 도쿄로 떠났습니다. 숨 막히는 도쿄의 여름, 어눌한 일본어로 대화를 나누면서 내 인생의 전환기에 서 있다는 걸 알았어요. 한국어판 '포춘 사이클' 출간을 결정하고 돌아와 이 글을 쓰는 지금까지 숨 가쁘게 달려왔습니다. 좌충우돌 별 출판사를 등록하고 번역 선생님을 만나 수없이 원고를 다듬고 디자인하는 과정까지, 그리고 이제 이렇게 여러분과 한 권의 책으로 만나게 된 거예요.

그렇다면 과연 나다운 게 무엇인지 먼저 알아야 할 필요가 있겠지요. 저는 마인드 넘버 2 매지션입니다. 태어날 때부터 예술가 타입이며, 상식과 현실에 구애받지 말고, 주위에 맞추면서 사는 인생은 어울리지 않는 사람이더군요. 좀 별나다, 독특하다는 말을 듣기 싫어지도록 들으며 살아왔던 이유를 알게 된 순간, 있는 그대로의 나를 받아들이고 인정하게 되었죠. 또 가까운 가족,

친구, 동료들의 마인드 넘버를 읽으며 그들을 이해하고, 그들도 마찬가지로 숨겨진 자신을 발견하길 바라며 조언해주곤 했습니다. 인생의 퍼즐이 비로소 어떤 형태를 띠게 되고 마지막 한 조각을 끼워 넣으며 완성할 날이 올 거예요. 어쩌면 시간이 다소 오래 걸릴지도 모릅니다. 조금 느리면 어때요. 내가 좋아하는 것이 무엇인지 알고 진정한 나로 살아갈 때 행복에 한 뼘 더 가까워지지 않을까요. 바람이 불지 않으면, 내가 달리면 되잖아요! 포춘 사이클을 통해 지금 내 인생의 어디쯤 와 있는지, 나다운 게 뭔지, 미래를 위해 지금 내가 해야 할 일은 무엇인지를 알아보는 겁니다. 이 책이 여러분의 행복을 찾아주진 않아요. 하지만 행복에 가까워지는 첫발을 내디딜 용기를 줄 거예요. 자신의 파랑새를 찾아 힘찬 날갯짓을 시작하시길 바랍니다.

아울러 이 책이 출간될 수 있도록 아낌없이 지원해주신 나 실장님과 도쿄에서 응원해주신 이브 루루도 선생님과 지원 님, 따뜻한 조언과 격려해주신 오윤호 교수님, 묵직한 책임감으로 번역하시느라 애쓰신 양지영 선생님, 애정 하는 블로그 이웃 주빌리 님, 미라클 메이트 혜진 팀장님, 영원한 사랑 중대 예경 패밀리, 마지막으로 늘 곁에서 함께 해준 유쾌한 나의 부모님과 가족 모두에게 감사 인사 전합니다. 더불어 완소대지를 사랑하는 블로그 이웃들에게도 무한 하트를 보냅니다.

인생의 긴 장마가 끝나고 구름 사이로 환한 빛이 새어 나오고 있습니다. 지금 이 순간 내 안에 잠들어 있는 가능성을 깨워 새로운 모험을 시작하세요.

편집자 이 자 빈(완소대지)
blog.naver.com/adjani1004

CONTENTS

편집자 서문

Prolog

1장 Mind Number

아홉 개의 마인드 넘버 015
마인드 넘버 1 Challenger 016
마인드 넘버 2 Magician 024
마인드 넘버 3 Teacher 032
마인드 넘버 4 Queen 040
마인드 넘버 5 King 048
마인드 넘버 6 Messenger 056
마인드 넘버 7 Lover 064
마인드 넘버 8 Fighter 072
마인드 넘버 9 Balancer 080

CHEMISTRY

케미스트리 알아보기 088
마인드 넘버별 관계도 092

2장 Fortune Cycle

포춘 사이클이란 114
포춘 사이클로 보는 나의 인생 주기 ... 117
마인드 넘버별 포춘 사이클 122

Ⅰ. 씨 뿌리기 ZONE
　1 개척 128
　2 가능성 130

Ⅱ. 애정 수확 ZONE
　3 호기심 136
　4 결실 138
　5 책임 140
　6 지원 142
　7 애정 144

Ⅲ. 황금 ZONE
　8 돌진 150
　9 균형 152
　10 사려 154
　11 기회 156
　12 실력 158

Ⅳ. 안개 ZONE
　13 시련 164
　14 변화 166
　15 휴식 168
　16 불안 170
　17 청산 172

Ⅴ. 운명의 분기 ZONE
　18 희망 178
　19 방황 180

Ⅵ. 인생의 전환 ZONE
　20 충실 186
　21 결단 188

Ⅶ. 운명 ZONE
　22 운명 194
　23 신뢰 196
　24 전진 198

Epilogue

역자 후기

한국 독자 여러분 안녕하세요. 이브루루도 하루카입니다.

누구나 반짝반짝 빛나는 꿈을 가지고 있지만, 때로는 좌절도 하고 속상한 경험을 할 때가 있습니다. 현실에는 자기가 좋아하는 일을 하면서 만족한 인생을 사는 사람이 있는가 하면, 반대로 작은 꿈조차 이루지 못하고 먼 길로 돌아가는 인생을 살아가는 사람도 있지요. 왜 이렇게 저마다의 인생 스토리가 다른 건지, 어떻게 하면 모두가 행복해질 수 있을까? 라는 질문이 저를 포춘 어드바이저의 길로 이끌었습니다. 신비한 영적 경험과 수많은 데이터 분석, 연구를 통해 생년월일로 산출해낸 '마인드 넘버' 운세와 인생의 흐름을 24년의 사이클로 구분하는 저만의 오리지널 점술인 '포춘 사이클'이 탄생하게 되었습니다.

그렇다면 어떻게 해야 인생이 잘 풀릴 수 있을까요?
우선 '나'를 알아야 한다는 것을 깨달았습니다. 하지만 대부분의 사람이 '나답다는 것'과 '나답게 사는 것'이 과연 무엇인지, '나는 도대체 어떤 사람인지' 잘 모르는 경우가 많다는 걸 알게 되었죠.

마인드 넘버가 '내가 어떤 사람인지'에 대해 생각해 보는 것이라면, 포춘 사이클은 본인의 마인드 넘버를 통해 현재 운세의 흐름을 파악하고, 앞으로의 인생 테마를 인지해 명확한 목표를 향해 나아갈 수 있는 인생 지표의 역할을 한답니다. 많은 사람의 인생을 감정하고 어드바이스 해본 결과 행복한 사람은 대부분 포춘 사이클 주기와 맞물리는 인생을 살아가고 있다는 사실을 알 수 있었습니다.

비비안 웨스트우드는 포춘 사이클의 '운명'이라는 시기에 패션 매장을 열었고, 제니퍼 로렌스는 '실력'이라는 시기에 출연한 작품으로 베네치아 국제영화제에서 신인 여배우상을 받았습니다. 이렇듯 포춘 사이클을 확인할 때마다 오랫동안 풀리지 않았던 문제의 답을 찾아낸 것 같은 기분이었어요. 마치 마법의 지도를 손에 넣은 것처럼 미래가 보이고 행운을 잡는 삶의 방식을 알게 되니 나 자신을 벼랑 끝까지 내몰 일이 없더군요. 저는 이렇게 '포춘 사이클'을 통해 최선을 다하며 살아가느라 지쳐있는 마음에 조금이라도 편안함을 주는 메신저 역할을 하게 되었습니다.

여러분도 기적을 일으킬 수 있습니다. 아무리 지금 인생이 자신이 바라는 대로 흘러가고 있지 않더라도 미래는 당신이 원하는 대로 바꿀 수 있답니다. 이 책은 각자 인생의 큰 테마를 알고, 해야 할 일과 피해야 할 일을 생각하면서 인생 궤도수정에 도움을 줄 수 있는 지침서입니다. 변화를 두려워하지 말고 적극적으로 부딪히면서 꿈을 성취해가세요.

당신의 인생이 아름답게 빛나기를 바라며

이브루루도 하루카

Mind Number
마인드 넘버

마인드 넘버

포춘 사이클을 알기 위해서는 우선 당신의 마인드 넘버를 찾아야 합니다.

마인드 넘버 계산하는 법

1. 양력 생년월일을 적습니다.

예) 오드리 햅번 1929년 5월 4일

▼

2. 생년월일 숫자를 모두 더합니다.

예) 1+9+2+9+5+4 = 30

▼

3. 더한 숫자가 한 자릿수가 될 때까지 더합니다.

예) 3+0 = 3

▼

만약 11, 27 등 두 자릿수가 나온 분들은 한 자릿수가 될 때까지 더해주세요.

예) 11: 1+1 = 2 / 27: 2+7 = 9

이렇게 나온 숫자가 당신의 마인드 넘버입니다.

아홉 개의 마인드 넘버

Challenger 챌린저 1

Keyword 호기심, 개척자, 자유인, 낙천적, 파천황, 개성적, 재능, 여행을 좋아함
행운의 컬러 블랙, 화이트

Magician 매지션 2

Keyword 리더, 기적, 찬스, 천재, 프로듀서, 전문가
행운의 컬러 퍼플, 핑크

Teacher 티처 3

Keyword 지성, 품격, 애정, 교육, 교양, 인내, 친절, 근면, 박식
행운의 컬러 그린, 베이지

Queen 퀸 4

Keyword 평화, 권력, 창조적, 사랑, 아이를 좋아함, 카리스마, 자신감, 명예
행운의 컬러 그린, 레드

King 킹 5

Keyword 책임감, 권력자, 강인함, 야심, 독점욕, 귀족, 성공, 일벌레, 재능
행운의 컬러 네이비, 골드

Messenger 메신저 6

Keyword 지도자, 성실, 존경, 거장, 경험, 정보발신, 장인, 마이페이스
행운의 컬러 그레이, 블랙

Lover 러버 7

Keyword 연애, 설렘, 보람, 솔직함, 파트너의 영향, 명품지향, 충실, 아름다움
행운의 컬러 화이트, 카키

Fighter 파이터 8

Keyword 승리, 일, 출세욕, 건강, 행동력, 향상심, 금욕적, 우연한 만남
행운의 컬러 블랙, 블루

Balancer 밸런서 9

Keyword 양립, 정의감, 공평, 성실, 두 개의 얼굴, 미스터리, 다채로움, 재주
행운의 컬러 옐로우, 오렌지

CHALLENGER

마인드 넘버 1 챌린저

선택받은 도전자, 마인드 넘버 1

생각에서 멈추지 말고 당신의 의지대로 행동하세요.
당신은 어떠한 환경에서도 성공하는 사람
자신의 힘으로 성공을 움켜쥐겠다는 강인한 의지가 중요합니다.

Character
성격

당신은 한 마디로 생명력이 넘치는 사람입니다. 고향을 떠나 타향에서 자신의 꿈을 이루고, 학력이나 스펙보다는 행동력으로 기회를 잡을 거예요. 마인드 넘버 1은 아무런 시도도 하지 않는 것보다는, 일단 뭐가 되든 해보고 후회하는 편이 낫다고 생각하는 유형으로 자신의 아이디어와 인맥을 발전시켜 사업을 시작하는 사람이 많거든요. 또한 생각한 것을 말하지 않고는 못 참는 성격이며 누군가 곤경에 처하면 그냥 지나치지 못하는 인간미 넘치는 사람입니다. 좋고 싫음이 분명하고, 내 편 의식이 강하며, 본인이 싫어하는 사람에게는 아주 냉담한 면 또한 갖고 있지요. 반면 좋아하는 사람이나 내 편이라고 인정한 사람은 무슨 일이 있어도 지키려고 노력하는 사람이에요. 가족과 형제 간의 정이 깊고 부모나 친척이 금전적으로 곤란할 때는 선뜻 돈을 마련해 주기도 합니다. 이렇듯 성격이 대담하다 보니 어딘가 조금 엉성해 보이기도 하지만 예민하고 까다로운 면도 있답니다.

Love
사랑

마인드 넘버 1의 사랑은 '꾸밈없이 있는 그대로', 사랑이 싹트면 바로 행동에 옮기는 타입입니다. 자신이 겨냥한 사냥감을 절대 놓치지 않아요. 모든 방법을 총동원해서라도 좋아하는 사람의 마음을 얻으려고 노력하지요. 그에게 손수 요리를 해주거나, 기념일도 아닌데 선물을 한다면 상대의 마음을 사로잡을 수 있을 겁니다. 아니다 싶을 때는 포기도 빨라서 불필요한 소모를 싫어하고 가능성이 없거나 더 참을 수 없다는 생각이 들면 갑자기 헤어지기도 합니다. 또 거짓말을 매우 싫어하기 때문에 좋아하는 사람이 거짓말을 하거나 다른 여자를 만나는 순간 사랑은 차갑게 식어버립니다. 하지만 당신은 순정적인 성격이라 사랑도 일직선입니다. 연애 경험은 적지만 진지하고 깊은 사랑을 하지요. 연인이 있을 때는 살이 빠지고 얼굴이 예뻐지는 등 외모가 눈에 띄게 달라지기도 합니다.

Marriage
결혼

당신은 분위기를 잘 맞추며 겉으로 조금 가벼워 보이지만, 실제로는 고풍스러운 멋이 있고 사귀면 곧 결혼을 생각하는 타입입니다. 다만, 일과 사생활로 바쁘게 움직이는 성격이라서 결혼은 조금 더 안정된 생활을 원할 때 하면 된다는 생각으로 계속 미룰 수 있으니 결혼 시기를 미리 정해놓으면 좋을 거예요. 깜짝 파티나 이벤트를 좋아하기 때문에 당신과 결혼하는 사람은 늘 일상의 활기를 느낄 겁니다. 당신 자신은 잔소리 듣기를 싫어하면서 아이에게는 지나치게 간섭하는 면도 있습니다. '지금 뭐 하고 있어?'가 말버릇이 되어 자꾸 참견하다가는 아이가 당신을 멀리하게 될지도 몰라요. 가족과 좋은 관계를 형성하기 위해서 어느 정도의 거리는 유지하세요. 간혹 일 중독이 되어 집안일에 소홀해지기도 할 텐데, 괜찮아요. 당신은 당신의 아이디어와 재능으로 돈을 버는 사람이므로 당신만의 시간을 만들기 위해서라도 집안일은 효율적으로 하는 편이 좋습니다.

Career
직업

당신은 '잘하는 일, 좋아하는 일, 당신만이 할 수 있는 일'로 크게 성공하는 운세를 타고났어요. 그렇다고 모든 사람이 완벽한 건 아니잖아요! 당신이 못 하는 일이나 싫어하는 일도 많을 테니 본인이 정말 잘할 수 있는 일만 찾아낸다면 천하무적이 되겠죠? 당신은 또 톡톡 튀는 아이디어맨으로 어떤 분야에서의 책임을 맡거나 결정권을 가진 직장이 아니면 숨이 막힐 겁니다. 정해진 일만 해야 하거나 연공서열의 직종은 당신에게 맞지 않아요. 게다가 쉽게 질리는 경향이 있고, 독특한 세계관과 미의식까지 가진 사람이니 당신답게 존재할 수 있는 일과 직장을 찾아야 하겠죠. 젊은 나이에 성공하는 사람도 많으니 벤처 정신으로 도전해야 합니다. 국내뿐만이 아니라 해외로 진출하는 것도 좋습니다.

Finance
금전

당신은 보람과 고유성을 가장 중요하게 생각하는 사람입니다. 물론 돈도 좋아하지만 아무리 대우와 근로 조건이 좋아도 보람을 느끼지 못하면 자신의 본래 개성을 발휘하지 못해 답답함을 느낄 거예요. 다른 사람에게 맞추는 일도 서툴고, 맘에 들지 않는 상사와 함께 일하는 상황도 힘들게 느끼기 때문에 자기만의 아이디어로 돈을 버는 것이 가장 좋습니다. 만약 지금 당신이 좋아하는 일을 하지 못 해서 답답하다면, 나이나 경력 따위는 생각하지 말고 도전하세요! 그러다 보면 새로운 인생을 살게 되고 결과적으로 바라던 성공을 손에 넣을 수 있을 거예요. 또한, 부동산과도 인연이 있으니 내 집이나 별장, 혹은 임대료가 나오는 건물을 살 수도 있습니다. 원하는 아파트나 건물에 관한 정보지를 받아 보거나 직접 건물을 보러 다니면 자극을 받아서 의욕이 더 생길 거예요.

Relationship
인간관계

당신은 좋아하는 사람과 싫어하는 사람의 구분이 명확해서 싫어하는 사람에게는 처음부터 접근하지 않습니다. '직관'이 강한 사람이므로 첫 대면에서 이미 불편한 사람인지 아닌지를 판단하거든요. 대체로 그 감은 틀리지 않고, 상대가 적극적으로 접근해 오면 계속 불편함을 느낄 거예요. 마인드 넘버 1은 숫자가 1부터 시작하는 것처럼 '시작, 모험' 등 '새로움을 창조하는 나'를 의미하므로 주변을 너무 신경 쓰기보다는 마이페이스로 본인의 리듬에 맞게 지내는 것이 좋습니다. 다만 당신에게 강한 카리스마가 있다 보니 부하직원이 성장하기 어려울 수 있어요. 당신의 개성이나 재능을 뛰어넘을만한 인재가 좀처럼 나오기 어렵다 보니 직원 교육이나 후계자 문제로 골치가 아플 때도 있을 거예요.

Fitness
건강

당신은 천성적으로 일을 즐기는 사람이기 때문에 열심히 일만 하다 보니, 항상 어깨가 결리고 잠이 부족할 거예요. 반면에 쉽게 잠드는 편이니 출퇴근할 때나, 출장, 여행 등으로 이동할 때라도 잠깐씩 휴식을 취하면서 체력을 조절하세요. 당신은 낙천적이며 인생을 즐기는 타입이라 별 근심 걱정이 없어 보인다는 말을 자주 듣지만, 뭔가를 깊이 생각하거나 탐구하는 걸 좋아하는 타입이라 늘 머릿속이 바쁜 사람입니다. 그러니 두통이나 어깨 결림에 특히 조심해야 합니다. 과도한 스케줄로 피곤할 때는 자신에 대한 보상으로 마사지나 스파를 즐겨보세요. 평소에도 스트레칭으로 바른 자세를 의식하는 것도 좋겠죠.

- ❀ **행운 네일**　　　　베이지 컬러 네일
- ❀ **행운 메이크업**　　가볍고 자연스러운 BB크림
- ❀ **행운 아이템**　　　모자, 헤어 액세서리, 두피 관리 제품
- ❀ **행운 여행지**　　　하와이, 이탈리아, 일본
- ❀ **행운 장소**　　　　여행지, 영화관
- ❀ **행운 액션**

일광욕
마인드 넘버 1은 햇빛을 받으며 건강하고 즐겁게 지내면 운이 좋아집니다.

대화 능력 기르기
사람의 마음을 끄는 재치 있는 대화로 인기인이 되어보세요. 일과 사생활에서 많은 기회와 제안이 날아들 거예요.

모두가 놀랄만한 행동하기
틀에 박힌 생활은 무료한 일상의 반복일 뿐이죠. 뭔가를 바꾸고 싶다면 당신이 먼저 운명 속으로 뛰어들어야 합니다.

❀ 기분이 가라앉을 때

여 행
지금의 현실이 답답하다면, 마음의 리셋을 위해 바람에 몸을 맡기고 발길 닿는 대로 계획 없는 여행을 떠나보세요.

수 면
항상 에너지와 활력이 넘치는 마인드 넘버 1이기에 에너지 충전 또한 중요합니다. 기분이 가라앉거나 의욕이 상실되었을 때에는 충분한 수면으로 고민을 잊어 보세요.

웃 음
기분이 우울할 때는 코미디 영화나 만화를 보고 깔깔 웃으면서 잊어버리세요. 주눅 든 모습은 당신의 미학에 어긋나는 일이에요. 과거를 돌아보지 말고 밝게 웃으며 미래를 바라보세요.

마인드 넘버 1 셀러브리티

레이디 가가, 스칼렛 요한슨, 클로이 카다시안, 찰리 채플린, 마틴 루터 킹, 월트 디즈니, 조지 루카스, 구로자와 아키라

소피아 아모루소 (Sophia Amoruso)

"스스로 운명을 개척하는, 아이디어 넘치는 도전자"

소피아 아모루소는 세계에서 가장 빠르게 성장하는 기업 '내스티 걸'의 CEO입니다. 30세 이전에 연 매출 천 억대 기업의 대표가 된 경력으로 화제가 된 인물이기도 하지요. 그녀는 인터넷 옥션 사이트 이베이에서 '내스티 걸 빈티지(Nasty Gal Vintage)'란 이름으로 의류 판매를 처음 시작해 수많은 시행착오를 겪으며 자기만의 브랜드를 만듭니다. 5년 만에 연간 천억 원대에 달하는 수익을 올릴 정도로 브랜드를 성장시키고, 30살이 되던 해 브랜드 CEO 자리에서 물러납니다. 총자산은 약 2천 3백억 원으로 알려져 있고, 젊은이들이 동경하는 성공인으로 이미 『걸 보스(GIRL BOSS)』라는 자서전까지 출간했습니다.

그녀는 ADD(주의력 결핍 장애)와 우울증 진단을 받고 정신과 약을 처방받지만, 약까지 먹으면서 학교에 다니느니 차라리 약을 버리고 학교를 떠나는 선택을 합니다. 그 후 부모가 이혼하고 이런저런 아르바이트로 자신의 생계를 유지하려고 노력하지만, 번번이 해고를 당합니다. 탈장 수술 후 일을 해야만 보험금을 탈 수 있는 상황에서 처음 인터넷 판매를 시작하게 되는데 그때부터 그녀의 새로운 인생이 시작됩니다. 그녀는 자신의 힘으로 브랜드 CEO가 되면서 더는 해고될 일이 없는 해결책을 만들어 낸 것입니다. 학력이나 경력, 자본 등 성공의 발판이 될 만한 스펙 하나 없이 운명을 개척하여 보란 듯이 정신적 중압감을 떨쳐버린 그녀. 지금도 동 세대나 비슷한 고민을 안고 있는 사람들의 롤 모델이 되고 있습니다.

마법의 메시지

"일단 해보는 거야!"

마인드 넘버 1은 무조건 도전해야 합니다. 생각이 복잡해져 망설이다 보면
어쩌다 찾아오는 좋은 기회를 놓쳐버릴지도 모르니까요.

 마인드 넘버  **남성**

> 분위기에 따라 어울리는 게 중요! 그의 기분에 맞춰주세요.

마인드 넘버 1의 남성을 만날 때는 순발력과 민첩성이 중요합니다. 돌발적인 데이트 신청이나 예상치 못한 행동이 잦은 그는 즐거움을 최우선으로 생각하는 호탕한 성격이라 돈을 펑펑 쓰는 경향이 있습니다. 또한, 열정적으로 활동하는 타입이라 늦은 밤에 연락하거나 불쑥 찾아오는 일도 있을 거예요. 그럴 때 출근을 핑계로 쌀쌀맞게 대하거나 그의 기분을 맞춰주지 못하면 그를 내 남자로 만들기 어려워요. 그는 관심의 폭도 넓어서 당신이 너무 애를 태우면 쉽게 다른 사람에게 가버릴 수도 있거든요. 언제나 새로운 기분을 유지하고 싶어 하는 사람이니 번개 데이트나 급작스럽게 떠나는 여행도 추천합니다.

다만, 그를 속박하거나 그의 비즈니스에 관한 평가는 무척 조심해야 합니다. 그가 먼저 조언을 구하기 전까지는 되도록 일에 관한 이야기는 하지 않는 편이 좋을 거예요. 게다가 혼자 있는 시간이 소중한 사람이기에 간혹 당신 문자에 답이 없거나 아예 무시할 수도 있다는 걸 기억하세요. 그럴 때는 그 사람을 있는 그대로 이해하고 수용할 각오가 필요하겠죠. "나랑 일이랑 어느 쪽이 더 중요해?"는 그에게 절대 금기어! 그런 질문을 해버리는 순간 그의 감정은 시들어 버립니다. 마인드 넘버 1의 남성은 단순한 성격이기 때문에 그때그때 잘 파악하여 맞춰주면 마음을 얻을 수 있을 거예요.

> 그와 결혼하려면? `Keyword` 공유

두 사람이 같은 목표를 갖거나, 필요한 아이템을 공유하거나, 저축을 같이하는 등 '함께 하는' 것으로 두 사람의 거리가 가까워집니다. 그러니 결혼자금이나 내 집 마련을 위한 저축도 함께 시작하면 좋겠죠. 마인드 넘버 1의 남성은 목표가 정해지면 앞만 보고 돌진하는 사람이니 그가 목적을 이룰 수 있도록 곁에서 당신이 응원해주세요.

Magician

마인드 넘버 2 매지션

태어날 때부터 예술가, 마인드 넘버 2

상식과 현실에 구애받지 말고 자기다운 인생을 사세요.
당신은 기적을 부르는 사람
누군가를 흉내 내거나 주위에 맞추기만 하는 인생은 어울리지 않아요.

Character
성격

당신은 타고난 감각과 놀라운 능력을 갖춘 사람입니다. 그러니 많은 사람의 눈에 띄는 게 좋겠죠? 주위에서 조금 독특한 당신을 비웃거나 이러쿵저러쿵 이야기하더라도 당신의 생각대로 밀고 나가는 것이 성공의 열쇠라는 점 잊지 마세요. 남들과 다른 색다른 취미, 자기만의 세계에 몰두하는 시간, 개성이 돋보이는 패션, 메이크업, 그림, 사진, 노래 등에 관심이 많고, 예술가 기질을 타고났으며, 독특한 세계관 또한 갖고 있답니다. 만약 지금 마음이 통하는 친구나 당신을 이해해 주는 사람이 없더라도 걱정하진 마세요. 당신이 '당신다운 삶'을 살아간다면, 언젠가는 반드시 든든한 지원군이 나타날 테니까요!

Love
사랑

조금 독특한 캐릭터인 마인드 넘버 2의 사랑은 '어느 날 갑자기' 찾아옵니다. 이벤트에서 우연히 만난 옛 친구가 연인이 되기도 하고, 친구의 친구와 가깝게 지내는 동안 사랑으로 발전하기도 하지요. 당신 주변엔 늘 사랑할 기회가 넘칠 거예요. 다만 상대가 아무리 매력적인 고백을 하더라도 당신이 좋아하지 않으면 연애로 발전하기는 어렵습니다. 당신이 연애 상대를 선택하는 포인트는 가치관이나 감각, 혹은 취향이 당신과 비슷해야 하거든요. 너무 다른 부류의 사람과 함께 있으면 피곤하기만 할 뿐 오래가지 않아요. 웃음 포인트나 좋아하는 음식, 패션 취향 등이 사소한 것처럼 보여도 당신에게는 절대 양보할 수 없는 부분입니다. 그것을 부정하는 사람이나 당신을 바꾸려는 사람과는 잘 맞지 않는다는 걸 기억하세요.

Marriage
결혼

당신은 일과 결혼 생활을 균형 있게 양립할 수 있는 사람입니다. 또한, 좋아하는 사람과 함께 있기만 해도 안심이 되고 기분이 좋아지죠. 결혼 후 경제적인 여유가 생기면 당신이 하는 일을 재고해 보는 것도 좋을 것 같아요. 당신은 노동시간으로 수입이 결정되는 일보다는 본인의 감각이나 재능을 살려서 하는 일이 어울리는 사람입니다. 결혼 후 안정기에 들어서면 색다른 면허나 자격증을 취득해 자신만의 특별한 능력을 발휘할 수 있는 일을 찾아보세요. 그로 인해 인생의 커다란 전환기를 맞이하게 될 겁니다. 육아는 아이의 눈높이에 맞추는 현명한 엄마가 되고, 아이가 커서는 젊은 감각으로 친구나 형제자매처럼 터놓고 이야기 나눌 수 있는 관계를 형성합니다.

Career
직업

당신은 온종일 컴퓨터와 씨름하거나 서류를 정리하는 일보다는, 아이디어가 결과를 말해주는 일이 적성에 맞는 사람입니다. 예를 들면 콘텐츠 기획이나 프로듀서 등 감각적으로 판단하고 움직일 수 있는 일이 좋겠죠. 누구나 할 수 있는 평범한 일은 당신의 특별한 재능을 썩힐 뿐입니다. 직업으로 고민하는 시간조차 아깝다는 생각이 드네요. 당신이 하고 싶은 일, 당신만이 할 수 있는 일을 찾는다면 앞으로 나아갈 길이 선명하게 보일 겁니다. 이미 좋아하는 일을 하고 있다면 더 고민할 필요가 없습니다. 묵묵히 자기 일을 즐기며 실력을 다듬어 가면 나이가 들어도 여전히 젊은 감각이 살아 있는 당신을 돋보이게 할 겁니다.

Finance
금전

당신은 옷이나 인테리어, 여행 등 기꺼이 투자가 필요한 일을 좋아하다 보니 수중에 돈이 남아나지 않는 타입입니다. 자기 마음에 들거나 값어치 있는 좋은 물건은 다소 무리해서라도 갖고 싶어 하므로, 수입과 지출의 균형을 이룰 수 있는 효율적인 일을 찾아야 합니다. 아무리 노력해도 급여가 오르지 않는 환경에서는 어떤 보람도 느끼지 못할뿐더러 마음도 편치 않을 거예요. 당신의 재능에 대체 불가능한 업무를 맡으면 세상에 두려울 게 없을 겁니다. 당신은 상사에게 알랑거리지도 못하고, 포커페이스도 안 되는 데다, 마음이 내키지 않는 일은 하고 싶은 의욕도 생기지 않고, 타협도 못 하는 성격입니다. 그러니 반드시 당신만의 강점이 돋보이는 일을 선택해야 합니다.

Relationship
인간관계

당신은 자기 주관이 강한 마이페이스형의 인간입니다. 다소 낯을 가리며 좋아하는 사람과 싫어하는 사람도 분명하고 다른 사람에게 맞추기도 어려울 거예요. 따라서 단체행동도 어렵고, 아무리 가족이라도 자신과 맞지 않는 사람과는 어쩔 수 없이 거리를 둘 때도 있을 겁니다. 한번 불편하다는 생각이 들면 될 수 있는 한 그 사람을 피하려고 하는 등 그만큼 당신은 인간관계에서 좋고 싫음이 분명한 성격이지요. 주위에서는 당신을 '도대체 뭘 생각하는지 알 수 없는 자유인'으로 생각합니다. 그들에게 당신은 어디로 튈지 모르는 예측 불가능한 존재인 거죠. 당신의 단순하고 솔직한 행동을 다르게 해석해서 생기는 오해도 많을지 모릅니다. 늘 그런 상황을 염두에 두고 인사나 감사의 마음, 솔직한 의견을 표현한다면, 지금보다 훨씬 더 편하게 의사소통할 수 있을 겁니다.

Fitness
건강

당신은 스트레스를 받기 쉬운 유형으로, 이러한 성격은 제때 쌓인 스트레스를 발산하지 못하면 몸에서 바로 반응이 나타납니다. 식사를 제때 못해서 영양실조가 되거나, 혹은 과식으로 갑자기 살이 찐다거나 불면증에 시달리는 등 마음 상태와 환경에 따라 건강 운이 크게 좌우되는 사람이죠. 예민한 성격이라 고민이나 불안한 일이 있으면 그 생각에 계속 빠져있을 때도 있을 거예요. 연인이 바람을 피울까 걱정해서 필요 이상으로 속박하거나 지나친 간섭으로 상대를 궁지로 모는 일도 있을지 모릅니다. 그러므로 평소에 연인과 스킨십을 자주 하면서 단단한 신뢰 관계를 쌓아두면 도움이 될 것입니다.

✿ 행운 네일　　　　반짝이는 라메 네일

✿ 행운 메이크업　　매혹적인 눈동자를 만들어주는 아이섀도

✿ 행운 아이템　　　선글라스, 속눈썹, 아이라인

✿ 행운 여행지　　　핀란드, 아프리카, 독일, 두바이, 오키나와

✿ 행운 장소　　　　미술관, 콘서트홀

✿ 행운 액션

다른 사람 신경 쓰지 말고 자신의 개성 중시
아홉 개의 마인드 넘버 중 가장 개성이 강한 사람. 다른 사람의 눈치를 보거나 주위에 맞추기만 하는 '예스맨'으로는 당신의 진정한 행복을 찾을 수 없습니다.

감성 갈고 닦기
직감적인 행동이 행운을 불러옵니다. 좋은 것을 자주 보고 느끼고 경험하다 보면 점점 행운 체질로 바뀔 거예요.

무리하지 않기
마이페이스로 성공을 얻을 수 있습니다. 피곤하거나 최상의 컨디션이 아닐 때는 약속을 다음 기회로 미루고 휴식을 취하세요.

✿ 기분이 가라앉을 때

취미에 몰두하기
중요한 일은 혼자 결정하는 마인드 넘버 2. 당신 스스로 답을 찾기 위해서는 좋아하는 것에 집중하면서 마음을 차분하게 정리하세요.

좋아하는 음악 듣기
예술가 기질이 강한 당신은 좋아하는 것에 둘러싸여 있을 때 기운이 좋아집니다. 기분이 가라앉을 때는 좋아하는 음악을 들으면서 오로지 당신만의 세계에 푹 빠져보세요.

헤어스타일 바꾸기
때와 장소에 따라 이미지가 달라질 정도로 표정이 매우 다양합니다. 힘든 일이 있을 때는 새로운 나를 위해 헤어스타일을 바꿔보세요.

마인드 넘버 2 셀러브리티

코코 샤넬, 마돈나, 케이트 모스, 머라이어 캐리, 제니퍼 로페즈, 켄달 제너, 루시 류, 부탄 왕비, 미셸 오바마, 버락 오바마, 로버트 다우니 Jr, 마크 월버그, 모차르트, 가와바타 야스나리

E.L.제임스 (E L James)

"아이디어를 돈으로, 상상력이 중요"

해외에서는 여전히 절대적인 지지를 얻고 있는 뱀파이어와 인간의 사랑 이야기 〈트와일라잇〉. 이 영화의 열광적 팬이었던 E.L.제임스는 원래 방송국에서 근무하던 주부였는데, 두 명의 아이를 기르면서 45살의 나이로 처음 소설을 쓰기 시작했습니다. 그녀는 좋아하는 유명인이나 유명 작품을 대상으로 재창작하는 팬 픽션(fan fiction)에 영화 속 인물을 등장시켜 오리지널 스토리를 만들어 인터넷에 연재를 시작합니다. 이 스토리가 점점 반향을 일으키며 미국의 대형 출판사에서 출간되면서 『해리포터』와 『다빈치 코드』를 제치고 가장 빠른 속도로 베스트셀러가 됩니다. 그녀가 쓴 소설 『그레이의 50가지 그림자』는 50여 개국의 언어로 번역되어 전 세계 누계 판매 부수가 1억 권에 달할 뿐만 아니라, 영화까지 큰 성공을 거두게 됩니다.

영국의 평범한 주부였던 그녀가 인터넷을 통해 얻은 SM(sadist-masochist) 지식으로 창작한 스토리가 입소문을 타고 이런 큰 성공을 하리라고는 누구도 예상하지 못했습니다. 영화 촬영 중에도 원작자인 그녀의 허락 없이는 사소한 각본 변경도 하지 못했다고 합니다. 그 결과 영화 또한 열광적인 팬 덕분에 큰 성공을 거두게 됩니다. 그녀는 신념을 가지고 아이디어를 실현하여 보란 듯이 유명 베스트셀러 작가가 되었습니다.

"진정한 자기다운 삶!"

진정한 자신을 발견하고 가장 자기다운 솔직한 삶을 산다면,
행복은 자연스럽게 찾아올 것입니다.
자신을 억누르면서 타인에게 맞추기만 하는 건 아닌지 자신을 돌아보세요.

 마인드 넘버

감각적인 예술가 타입

친해진 줄 알았는데 갑자기 거리를 두거나, 연락이 끊기거나, 태연한 얼굴로 지각하거나, 다른 여자와 만나는 등 다소 마이페이스인 그의 행동으로 당신은 종종 당황스럽습니다. 그는 상식 비상식의 판단보다도 자신의 감정이나 분위기가 더 중요하기 때문입니다. 너무나 당연한 일이므로 만약 그게 싫거나 불안하다면 솔직하게 말하세요. 하지만 당신의 생각이나 감정을 완곡한 표현으로 전달해도 어쩌면 그는 전혀 이해하지 못할지도 모릅니다. 문득 당신이 한 말이 제대로 전해지지 않았다고 느껴질 때가 있을 거예요. 혼자만 스트레스로 힘들어지지 않도록 문제가 발생하기 전에 대화로 풀어야 합니다.

그와 결혼하려면?   Keyword   행복한 결혼 상상

감각적으로 살아가는 사람이라 본인이 결혼하고 싶다는 마음이 들 때가 결혼 시기입니다. 만약 그가 결혼에 대해 부정적이라면 결혼은 좀처럼 힘들 거예요. 하지만 결혼과 아이에 대해 긍정적인 생각을 하게 된다면 골은 그리 멀지 않습니다.

TEACHER

마인드 넘버 3 티처

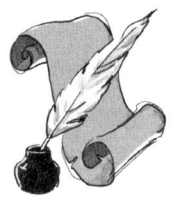

영원한 소녀, 마인드 넘버 3

어딘가 기품 있고 유쾌한 당신
배움, 지식, 경험은 당신을 배신하지 않습니다.
향상심이야말로 더 높은 곳으로 향하는 열쇠
당신이 배우고 싶은 일은 망설이지 말고 도전하세요.

Character
성격

당신은 책 읽기나 무언가 배우기를 좋아하고 당신보다 연배가 높은 사람들과의 대화를 즐깁니다. 어릴 적부터 남달리 총명하고 어른스러웠을 거예요. 하지만 실상은 조금 덜렁대고 허점이 많은 사람이지요. 그런 반전이 이성의 마음을 사로잡기도 합니다. 첫인상은 쉽게 말 걸기 어려운 분위기가 있지만, 한 번 친해지면 숨김없이 무엇이든 이야기할 수 있는 사람입니다. 또 이성에게 잘 보이려고 행동하지 않기 때문에 같은 여자들 사이에서도 인기가 많을 거예요. 특히 선배 언니들이 좋아하기 때문에 주위에 여자가 많고 여자들만의 모임도 많을 텐데요, 그 상황에 안주하다 보면 혼기를 놓치기 쉽고 연애와 인연이 멀어질지도 모릅니다. 잊지 마세요! 당신 주위에는 늘 여자들이 모이기 쉬우니 남자친구를 찾고 있다면 의식적으로 남성과 만나기 쉬운 모임에 참가해야 한다는 걸요.

Love
사랑

마인드 넘버 3의 사랑을 싹틔우는 키워드는 '존경'입니다. 당신이 잘 모르는 분야에 관한 전문 지식이나 경험으로 당신을 이끌어 주는 등 일단 당신이 존경할 수 있는 상대여야 관심이 생기죠. 물론 연애를 하더라도 상대가 배신하거나 상호 간에 존경하는 마음이 사라지면 두 사람의 관계는 곧 깨져버립니다. 그런 당신에게 잘 맞는 상대는 나이를 먹어도 소년 같은 모험심이 있고 다양한 분야에 관심이 많은 사람입니다. 말만 번지르르하거나 화려한 과거에 갇혀있는 사람과는 잘 맞지 않습니다. 또한, 당신의 자유를 구속하는 사람은 절대 안 됩니다. 연애 문제로 고민할 때는 당신보다 나이가 많은 여성이 객관적이고 냉정한 조언을 해줄 거예요. 아무리 멋진 사람이라도 어딘가 어두운 면이 있거나 자기중심적인 사람은 당신을 제멋대로 휘두를 수 있으니 파트너 선택에는 신중해야 합니다.

Marriage
결혼

당신은 조금 까다롭고 예민하며 자기만의 라이프스타일과 고집이 뚜렷한 사람입니다. 그런 당신이기에 결혼 상대는 함께 살면서도 스트레스를 받지 않는 사람이어야 합니다. 물건을 여기저기 버려두거나, 화장실 문을 닫지 않는 그의 사소한 행동에 신경이 예민해져 짜증이 날 수도 있거든요. 처음엔 좋아하니까 참을 수 있지만, 어느 날 갑자기 쌓였던 불만이 한꺼번에 폭발해버릴지도 모릅니다. 누군가와 함께 살기 위해서는 서로 배려하는 마음도 잊지 말아야겠지만, 당신도 마음에 쌓아두거나 화를 내지 말고 부드러운 말투로 부탁하는 것도 좋을 거예요. 함께 생활 규칙을 정하는 등 미리 예방법을 생각해 보는 것도 현명할 것 같습니다.

Career
직업

당신이 가진 지식과 경험을 활용하는 일을 하면 좋습니다. 예를 들면 당신이 민감한 피부였는데 자연식을 하고 피부가 좋아졌다면, 요리를 공부해 피부와 몸에 도움이 되는 자연식 요리 교실을 열어보는 거죠. 혹은 기분 전환을 위해 다니기 시작한 요가에 흠뻑 빠져 요가 지도자가 되는 등 관심 있는 일이나 경험한 것을 전문적으로 공부해 비즈니스로 연결하면 직업 운도 상승합니다. 교사나 의사, 변호사, 요양사, 간호사 등 타인에게 봉사하는 직업도 좋아요. 사람과 관계된 일 즉, 봉사나 사람들 앞에 서는 일이 적성에 잘 맞거든요. 집에서 작게 워크숍을 열거나 공간을 빌려서 수업을 진행하는 등 가능한 범위에서 가볍게 시작해보세요. 지나치게 완벽을 추구하다 보면 시작이 늦어져 기회를 놓칠 수도 있으니 '우선 시작'이 당신의 운을 여는 열쇠라는 걸 잊지 마세요.

Finance
금전

당신은 금전운이 좋은 편이지만, 다양한 분야에 호기심 또한 많아서 관심 있는 강연이나 학습에 돈을 아끼지 않으므로 어느 순간 모아 둔 돈이 바닥을 보일지도 모릅니다. 하지만 당신의 무기가 될 지식을 위해 사용하는 돈은 미래를 위한 선행투자라고 생각하면 좋을 거예요. 다만 배울 만큼 배우고 나서 그 지식이나 기술을 살리지 못한다면 너무 아깝겠죠. 기억하세요. 투자비용을 회수하기 위한 계획을 세우지 않으면 당신이 고생한 보람도 없이 한낱 시간 낭비가 될 뿐이라는 걸. 일은 당신을 제대로 평가해주는 곳이 아니면 일할 의욕이 생기지 않을 거예요. 아무리 노력해도 월급이 오르지 않거나, 평가도 제대로 받지 못하며, 중요한 역할도 맡지 못하는 데다 사소한 일까지 일일이 간섭하는 상사에, 당신의 존재를 가볍게 보고 불리한 역할만 떠맡기는 직장은 미련 없이 내려놓으세요.

Relationship
인간관계

당신은 어떤 사람이라도 한번은 수용해주는 호의적인 면이 있습니다만, 무례하거나 거친 사람, 행동 없이 말만 앞서는 사람을 무척 싫어합니다. 그래서 조금이라도 불편하고 싫은 사람과는 거리를 두면서 자기 보호막을 칩니다. 그런 이유로 당신과 가벼운 인사나 대화 정도를 나누는 사람은 많겠지만, 진심으로 소통할 친구는 많지 않을 거예요. 사실 당신에게는 그렇게 하는 편이 더 좋아요. "뭐든 다 괜찮다"라고 상대방에게 맞추는 성격이기 때문에 무엇이든 부탁하면 들어주는 '예스맨'이 되기에 십상이거든요. 처음부터 구덩이에 빠진 사람이나 트러블 메이커와는 거리를 두는 게 좋습니다.

Fitness
건강

당신은 생활의 리듬이 깨지면 스트레스를 많이 받습니다. 따라서 당신이 건강한 인생을 살기 위해서는 '나다운 삶'을 사는 게 너무 중요합니다. 가족을 돌보는 일로 자기만의 시간이 부족하거나, 집안일과 회사 일을 병행하며 마음에 여유가 없어지면 불안해질 수 있으므로 생활 리듬이 깨지지 않도록 주의하세요. 만약 직장에서 스트레스를 많이 받는다면 당신만의 스트레스 해소 방법을 찾아야 해요. 그렇지 않으면 의욕까지 상실해 일상에서도 행복과 기쁨을 느끼지 못하게 되거든요. 게다가 당신은 조용하고 온화해 보이기 때문에 성격이 강한 사람에게 휘둘리기 쉬우니 그런 사람들에게는 빈틈이나 약한 모습을 보이지 마세요.

✿ **행운 네일** 그러데이션 네일

✿ **행운 메이크업** 콧대를 선명하게 하는 쉐딩

✿ **행운 아이템** 립크림, 립스틱, 구강 케어 아이템

✿ **행운 여행지** 부탄, 스웨덴, 오스트리아

✿ **행운 장소** 워크숍, 집

✿ **행운 액션**

나만의 시간을 소중하게
사색을 좋아하는 마인드 넘버3. 머리와 마음을 정리하거나, 자신의 내면과 마주할 시간이 필요합니다.

거절도 중요해요
"뭐든 다 괜찮다"라는 얼굴로 살다 보면 인생이 피곤해집니다. 원치 않는 모임은 적당히 거절하는 등 쓸데없는 시간을 보내지 않도록 하세요.

전통문화 배우기
호기심이 많아 이것저것 배우는 것을 좋아하는 당신. 고전이나 전통문화를 가까이하면 운이 좋아집니다. 시간이 많거나 뭘 해야 좋을지 모를 때에는 지식을 늘릴 수 있는 데이트가 좋아요.

✿ **기분이 가라앉을 때**

수다 떨기
다른 사람에게 속내를 터놓는 것만으로도 복잡한 생각이 정리됩니다. 모임에서 남자친구나 직장에 대한 불만을 이야기하면서 기분전환 해보세요.

허브티 & 커피 마시면서 한숨 돌리기
당신은 순수한 사람이라서 환경이나 주변 사람의 영향을 쉽게 받아요. 맞지 않는 사람과 있으면 짜증이 나기도 할 거예요. 그럴 때는 혼자만의 시간을 갖고 기분을 전환하세요.

산책하기
일상생활 속에서도 상상의 나래를 펼칠 수 있는 장소에 가거나 산책을 하는 것만으로도 기분이 좋아집니다.

마인드 넘버 3 셀러브리티

오드리 헵번, 셀린 디온, 빈 디젤, 케이티 페리, 카멜론 디아즈, 힐러리 클린턴, 케임브리지 공작부인 캐서린, 대니얼 래드클리프, 미야자키 하야오

마 윈 (Ma Yun)

"지식이 성공으로 이끌고, 향상심이야말로 더 높은 곳을 향하는 열쇠"

차이나 드림의 대표 마윈은 세계적인 그룹 알리바바의 창업주입니다. 마윈은 가난한 집에서 태어났지만, '돌진기'인 10살 때에 이미 영어를 공부하겠다고 결심하고 관광객이 많은 호텔을 찾아다니며 무료로 관광 가이드를 해주면서 영어를 배웠습니다. 어느새 마윈은 부모에게 영어로 대들 정도로 능숙해졌지만, 대학시험에서 수학 성적이 10점을 넘지 못할 정도로 형편없어 두 번의 대학시험에 실패합니다. 그 이후 대학진학을 포기하고 한때는 삼륜차를 끄는 운전사가 되기도 했습니다. 그 후 자신의 특기를 살려 영어교사가 되지만, 월급 14달러로 만족하지 못하고 30살까지 억만장자가 되지 않으면 죽여 달라고 공언할 정도로 강한 의지를 보이며 성공을 목표로 삼았습니다. 그리고 인터넷이라는 분야에 눈을 떠 해외투자를 받는 데 성공합니다. 개인용 인터넷 판매 사이트나 타오바오와 알리바바의 성공으로 현재 그의 자산은 약 31조 1498억 원 이상으로 젊은 날에 세웠던 목표 이상의 성공을 이루었습니다.

현재는 IT업계를 짊어지기에 나이가 많다는 이유로 CEO에서 물러난 후 교육 사업이나 환경 보호 사업에 눈을 돌려 중국을 대표하는 배우 이연걸과 함께 태극권 교실을 여는 등 새로운 도전을 하고 있습니다.

마법의 메시지

"상대의 인상에 남는 말과 행동을"

상대의 마음에 남는 말이나 인상적인 행동을 하세요. 조용하게 있어서는 기회가 다가오지 않아요. 그리고 대세에 휩쓸리지 않도록 조심하세요.

♂ 마인드 넘버 남성

> 사랑의 기회를 잡으려면, 당신이 먼저 사인을 보내세요.

마인드 넘버 3의 남성은 호기심이 많고 배우는 것을 좋아하기 때문에 끊임없이 공부합니다. 여성에게 조금 소극적이고 상처받는 것을 두려워하므로 그녀가 거절하지 않을 것이란 확신이 없으면 먼저 고백하지 않아요. 그가 마음에 든다면 당신이 먼저 자연스럽게 리드하면 좋겠죠. 그는 웃는 얼굴에 약하니 당신의 얼굴이 웃는 인상으로 각인 될 수 있도록 의식적으로 입꼬리를 올리고 미소를 머금어 보세요. 누군가를 험담하거나 불평만 늘어놓으면 그가 내심 여자 친구로 점찍은 대상에서 제외될 수도 있습니다. 그는 겉으론 온화해 보여도 강한 향상심과 어떤 어려움이 닥쳐도 물러서지 않는 근성이 있고 노력 또한 게을리하지 않습니다. 여자 친구도 뭐든 열심히 하는 모습에 응원을 보내지요. 다만, 가족과 친구를 중요시하므로 그들에게 평판이 좋지 않은 여성과는 잘 만나지 않습니다. 그의 가족과 친구들 앞에서도 좋은 인상을 남길 수 있도록 말이나 식사 예절에 주의하고 메이크업이나 패션으로 호감도를 높이세요.

> 그와 결혼하려면? `Keyword` 주변 공략

그는 가족이나 친구의 의견을 중요하게 생각합니다. 만약 그의 어머니가 당신을 싫어하거나 만나고 싶어 하지 않으면 결혼과는 인연이 멀어질 거예요. 반대로 그의 어머니를 내 편으로 만들어두면 도움을 받을 수 있겠죠. 하지만 지나치게 적극적으로 나서면 당신의 행동이 타산적으로 보여 그의 감정도 식을 수 있으니 도를 넘지 않도록 주의하세요.

QUEEN
마인드 넘버 4 퀸

자신감과 자존심이 전부인 마인드 넘버 4

흔들림 없는 자신감으로 카리스마를 발휘할 수 있습니다.
당신은 삶의 방식이 굉장히 중요한 사람
고생과 빈곤이라는 단어는 어울리지 않습니다.

Character
성격

당신은 최고의 마인드 넘버로 태어났습니다. 만약 지금 전혀 행복하지 않다면, 그 이유는 당신과 맞지 않는 일을 하고 있기 때문일 거예요. 그만큼 당신은 강한 운을 타고 났거든요. 좋고 싫음이 분명하고 확고한 신념과 강한 자아를 가진 만큼 당신과 맞고 맞지 않는 것, 좋아하고 싫어하는 것, 잘하고 못 하는 것을 명확하게 알고 있을 거예요. 그러므로 자신이 좋아하는 일이나 잘하는 일을 발전시키고, 싫어하거나 못 하는 일은 하지 않는 게 좋습니다. 기왕이면 운이 강한 마인드 넘버 4 '퀸'으로 태어났으니 큰돈을 벌 수 있는 일을 하세요. 기업가나 재력가와 결혼하여 신분 상승하거나 성공하는 사람이 많은 넘버이기도 합니다.

Love
사랑

마인드 넘버 4는 글자 그대로 '퀸'입니다. 그러니 궁색한 모습은 전혀 어울리지 않겠죠? 퀸은 '여유와 번영'이 키워드랍니다. 여왕답게 아름다운 성에서 늠름한 왕과 세련된 가구에 둘러싸여 우아한 드레스를 입고 화려한 액세서리로 치장한 삶. 빈곤한 여왕은 자신의 빛을 제대로 발휘하지 못하고 있는 거예요. 그렇다고 오해하지 마세요! 사방을 번쩍번쩍하게 꾸미는 벼락부자 취향을 말하는 게 아니니까요. 이미 당신이 멋지다고 생각하는 여유로운 삶을 살고 있다면 그걸로 괜찮습니다. 다만 여왕이니까 당신 곁에는 왕이 있어야 하겠죠? 혹시 지금 연인이 없다면 자신을 더 갈고 닦으세요. "어차피 나란 인간은"이라는 말은 당신에게 절대 금지어입니다! 아무리 나이를 먹어도 당신은 어여쁜 공주님이니 반드시 왕자님을 만날 수 있으니까요. 그런 멋진 만남을 위해서라도 신데렐라처럼 아름답게 꾸미고 무도회로 가야겠지요.

Marriage
결혼

퀸은 '여유로움과 사랑'이 행운의 열쇠입니다. 당신은 사람들이 부러워할 만한 행복한 가정을 만들 수 있는 사람이에요. 다만 SNS에 자신의 행복한 이야기만 잔뜩 올리거나, 사람들과 대화할 때 남편이나 아이, 혹은 소유물에 대해서 자기 자랑만 한다면 많은 사람의 질투로 성가신 일이 생길 수도 있어요. 그만큼 당신은 눈에 띄는 존재이며 말과 행동에 주목받기 쉬운 사람이니, 다른 사람들과 함께 있을 때는 조심하는 편이 좋습니다. 패션 감각도 남다르기 때문에 세심한 감각으로 남편의 스타일링까지 신경 써주면 남편의 기운 또한 좋아집니다. 당신은 남자의 기를 살리는 유형이거든요. 지나치게 자녀의 성공을 바란 나머지 치맛바람이 심한 엄마가 될 가능성도 있습니다. 아이들에게 정신적인 중압감을 주면 트라우마가 생길 수도 있으니 아이들과의 거리 유지에 늘 신경 쓰세요.

Career
직업

당신은 원하는 것이나 이루고 싶은 일을 포기하지만 않는다면 언젠가 반드시 손에 넣을 수 있습니다. 당신에게 약한 소리는 어울리지 않아요. 자신감이 없더라도 자신 있는 것처럼 행동하세요. 당신은 퀸으로 태어났으니 주위의 눈치를 보거나 당신의 존재감을 억눌러서는 안 됩니다. 어떤 사람과도 대등한 대화를 할 수 있도록 평소에 시사 상식이나 흥미로운 이야깃거리를 준비해두세요. 사람의 관심을 끄는 대화술이나 식사 매너 등을 익혀 두는 것도 좋겠죠. 날마다 같은 일을 반복하거나 출세할 기회가 없는 직장은 당신과 맞지 않습니다. 최고의 권력을 손에 넣은 퀸답게 사업을 하거나 더 높은 곳으로 향하세요. 신기하게도 당신은 중요한 시기에 운명적인 사람을 만나거나, 어려울 때 도와주는 사람이 나타나는 운을 가지고 태어났습니다.

Finance
금전

당신은 구매력이 높은 여성들을 타깃으로 하는 직업이 좋습니다. 미용에 관련된 일이나 패션, 보석, 디저트, 플라워 등 여성을 타깃으로 하는 사업 아이디어가 떠오르면 용기 내 도전해보세요. 첫 시작은 소소하게 주말이나 짬이 날 때 할 수 있는 정도로도 괜찮습니다. 마인드 넘버 중에서도 상위 1, 2위를 차지할 정도로 금전운이 좋은 당신이니 우선 할 수 있는 범위에서 생각해보는 것도 좋을 거예요. 전업주부로 살거나 아르바이트만 하면서 보내기엔 인생이 너무 아깝습니다. 단, 갑자기 원대한 일을 하려고 생각하면 좀처럼 시작하기 힘들지도 모르니 간단한 일부터 일단 시작해보세요.

Relationship
인간관계

퀸은 자신감과 자존심으로 만들어졌다 해도 과언이 아닙니다. 아무리 나이를 먹어도 퀸은 동경의 대상이며 시대를 이끌어가는 사람이어야 합니다. 친구를 선택할 때 기억할 것은 당신의 가능성을 믿어주고 기분 좋게 하는 친구인가 하는 점입니다. 당신의 사기를 떨어뜨리거나 부정적인 말을 하는 친구는 당신을 질투할 뿐입니다. 당신은 다소 주변 평가에 신경 쓰는 편이지만, 어떤 평가에도 흔들림 없이 꿋꿋하게 나의 길을 간다는 강한 마음가짐으로 살아가세요. 듣기 싫은 말은 한 귀로 듣고 한 귀로 흘려버리고, 어떤 상황에서도 당신을 따르고 응원해주는 팬을 만들어 가세요.

Fitness
건강

당신의 몸은 비교적 강한 체질입니다만, 사람들이 당신에게 의지하거나 당신이 신경 써야 할 상황이 많으니 스트레스를 받지 않도록 조심하세요. 상식과 규칙을 지키지 않는 사람, 돈이나 시간 약속이 정확하지 않은 사람은 당신을 곤란하게 만들지도 모릅니다. 직장에서도 할 줄 아는 게 아무것도 없는 후배나 머리가 나쁜 상사와 함께 일하면 짜증만 나겠죠. 당신은 리더의 위치에서 그 책임감을 느끼고 더 좋은 방향으로 이끌려고 노력하지만, 주변과의 온도 차가 있거나 아무리 충고를 해도 상대가 변하지 않는다면 그들의 어리석음에 두 손 두 발 다 들게 될 겁니다. 자신의 힘으로 더는 어쩔 수 없는 사람과는 단호하게 인연을 끊는 것도 하나의 방법이라는 걸 기억하세요. 다른 사람 일에만 신경 쓰다가 정작 당신이 해야 할 일을 제대로 하지 못 해 기회를 놓칠지도 모르니까요.

- ✦ **행운 네일**   레이스 무늬, 리본 디자인 네일
- ✦ **행운 메이크업**   립스틱으로 키스를 부르는 입술 만들기
- ✦ **행운 아이템**   속옷, 파자마, 보디 크림
- ✦ **행운 여행지**   프랑스, 터키, 팔라우
- ✦ **행운 장소**   미용실, 호텔
- ✦ **행운 액션**

   유행하는 패션아이템 이용
   트렌드에 민감한 마인드 넘버 4는 최신 유행 아이템을 착용하면 자신 있게 사람들 앞에 나설 수 있습니다.

   경쾌한 대화술
   언제나 모임의 중심인 당신. 재미있는 이야기로 사람들의 관심을 끌 수 있도록 따끈따끈한 정보를 미리 수집해 두세요.

   외국인과의 교류
   당신은 경계가 없는 사람입니다. 국내뿐만 아니라 해외로 영역을 넓히면 성공과 재물을 손에 쥘 가능성이 더 커집니다.

- ✦ **기분이 가라앉을 때**

   아이쇼핑
   기분전환에는 쇼핑이 최고예요. 최신 유행 아이템을 보는 것만으로도 우울했던 기분이 날아가 버릴 거예요.

   맛있는 식사
   좋아하는 사람들과 멋진 공간에서 맛있는 음식을 먹는 일은 당신에게 가장 행복한 시간입니다. 아무리 우울한 일이 있어도 금세 기분이 좋아질 거예요.

   새로운 네일
   '기회는 손톱 끝에서 시작된다'라는 말처럼, 기분이 우울하고 답답할 때는 손톱관리로 기분을 상승시키세요.

마인드 넘버 4 셀러브리티

데미 무어, 에이브릴 라빈, 킴 카다시안, 우디 앨런, 키아누 리브스,
브래드 피트, 빌 게이츠

카를라 브루니 (Carla Bruni)

"사랑은 인생이라는 드라마에서 뺄 수 없는 본질"

카를라 브루니는 가수이자 유명 패션모델이며 23대 프랑스 대통령의 부인이기도 합니다. 슈퍼모델 붐이 한창일 때 활약했고, 에릭 클랩튼, 믹 재거, 케빈 코스트너 등 당대 최고의 남자들과 떠들썩한 연애 스캔들을 일으키기도 했지요. 에릭 클랩튼은 카를라와 교제 중에 그녀만은 건드리지 말아 달라고 믹 재거에게 부탁하지만, 결국 카를라는 믹과 연애를 시작합니다. 카를라는 모델 중에서도 수많은 디자이너의 사랑을 받으며 톱클래스의 위치를 차지하다 29살에 은퇴합니다. 그 후 아이까지 낳고 산 라파엘 옌토벤에게 갑자기 이혼을 당하는 등 인생의 우여곡절을 겪지만, 39살에 사르코지 프랑스 대통령과 교제를 시작해 단 3개월 만에 결혼에 골인합니다. 카를라를 아는 사람들은 입을 모아 그녀야말로 누구보다도 상승 지향이 강한 야심가라고 말합니다. 프랑스에서는 그녀에 관해 폭로하는 책까지 출판되었지만, 스스로 자신의 운명을 개척하고 다른 나라 대통령의 부인까지 된다는 건 동화 속에서나 있을 법한 이야기지요. 게다가 그녀는 모델로도 많은 돈을 벌었고 가수로서도 큰 성공을 거두었습니다.

최고의 남성과 교제하면서 항상 자신을 빛낼 방법을 모색하는 그녀의 인생을 통해 여성의 삶에 대해 배우게 됩니다.

마법의 메시지

"언제까지나 당당하게, 자신감을 가져라!"

당신의 매력은 당당한 아름다움, 그 아름다움은 자신감과 품격, 지성에서 나옵니다.
어떤 일이 있어도 의기소침해지지 말고 앞만 보고 적극적인 자세로 살아가세요.

 마인드 넘버  남성

일과 가정 모두 소중하게 생각하는 '기회'에 강한 남자

마인드 넘버 4의 남성은 일뿐만 아니라 사생활이나 연애에도 충실한 타입으로 성공한 사업가가 많은 넘버입니다. 게다가 가정도 소중하게 생각하는 좋은 아빠입니다. 아이들과 함께하는 시간을 소중히 여기며 일도 빈틈없이 해내는 자랑스러운 남편이 될 겁니다. 사업 분야는 음악, 미용, 패션, 음식 등 여성을 타깃으로 한 비즈니스가 좋습니다. 만약 그가 사업을 하고 싶어 한다면 그의 날갯짓을 응원해주세요. 그는 또 예의나 매너를 중요하게 생각하는 사람이니 그가 친절을 베풀었을 때는 환한 얼굴로 고맙다는 감사의 마음을 반드시 전하세요. 식사 대접을 받았을 때는 감사의 메일은 물론 쿠키와 같은 작은 선물로 보답하면 기뻐할 겁니다. 아마도 그런 당신을 더욱 소중하게 생각할 거예요. 마인드 넘버 4의 남성은 본인이 세세한 부분까지 배려하는 사람이기에 따뜻한 감성을 가진 여성을 좋아합니다. 당신 또한 그와 그의 주변 사람들에게 자연스럽게 배려하는 모습을 보여준다면 그의 신뢰를 얻을 수 있을 거예요.

그와 결혼하려면? **Keyword** 신뢰 쌓기, 행복한 가정생활 상상

감동적인 장면이나 따뜻한 가정 분위기에 약한 그. 함께 친구 결혼식에 참석하거나, 로맨틱 코미디 영화를 보거나, 그의 가족과 먼저 친해지세요. 그의 가족이나 친구의 신뢰를 얻게 되면 그때부터는 당신의 말과 행동 하나하나가 그에게 영향을 미치게 될 겁니다. 단, 자기 생각이 분명한 사람이라 부정적인 발언이나 가르치는 듯한 말투는 그의 기분을 상하게 할 수 있으니 주의하세요.

KING

마인드 넘버 5 킹

가장 정점에 서 있는, 마인드 넘버 5

자신감에 찬 말과 행동이 행운의 열쇠
타협과 좌절이라는 말은 당신 사전에 없습니다.
진심으로 바란다면 불가능은 없으니
욕심을 가지고 당신의 꿈을 성취해야 합니다.

Character
성격

당신은 성격이 소탈하고 숨김이 없으며 결단력 있는 사람입니다. 마인드 넘버 5는 스스로 자신의 운명을 개척하는 사람이며 이른 시기부터 가족과 떨어져 생활하거나, 유학, 독립 등의 대담한 행동이 성공의 열쇠입니다. '나는 나'라는 사고방식을 가진 사람이기 때문에 자신의 꿈과 목표가 생기면 오직 그 방향으로만 달려갑니다. 만약 당신이 다른 사람에게 맞추기만 하거나 지나치게 주위에 신경을 쓰면 당신의 존재감이 사라져 본래의 운을 살릴 수 없게 됩니다. 아무쪼록 킹으로 태어났으니, 한 번뿐인 인생 후회 없도록 마음껏 즐기세요.

Love
사랑

킹은 온갖 재물과도 인연이 있으므로 혼자 힘으로 큰 성공을 이루거나, 혹은 당신 파트너에게 돈과 사회적 지위가 있어 신분 상승이 이루어지기도 합니다. 당신의 파트너는 성공할 확률이 높고 당신과 만나면 기운이 상승하는 남성도 많을 거예요. 간혹 나이 차가 많이 나는 남성과 사귀거나 당신이 리드해야 하는 연하와 사귀는 경우도 있을 겁니다. 당신은 연인이 생기더라도 연애에만 정신을 쏟는 것이 아니라 맡은 일도 완벽하게 마무리하는 사람입니다. 모든 일을 척척 해내는 모습은 왕, 그 자체입니다. 동성, 이성과 관계없이 모두가 동경하는 대상이 되거나 당신을 한 수 위로 인정하는 사람도 많을 거예요. 그 정도로 당신에게는 사람의 마음을 끄는 매력이 있답니다.

Marriage
결혼

당신에게 결혼은 하든 하지 않든 별반 다를 게 없습니다. 어쩌면 혼인신고도 중요하지 않다고 생각할지 몰라요. 킹의 넘버인 당신은 직업 운이 강해서 늘 일이 바쁘다 보니 혼인신고나 결혼식을 할 여유가 없어 결혼이 늦어지는 경향도 있거든요. 물론 결혼 후에도 전업주부보다는 일을 계속하는 것이 당신다운 삶입니다. 집안일이나 육아에 전념하기보다 자신의 능력을 발휘할 수 있는 일을 하면서 당신의 자리를 가정이 아닌 다른 곳에서 발견하는 것도 좋겠죠. 반짝반짝 빛나는 당신의 모습을 보면서 남편과 아이도 함께 성장한답니다. 당신 삶의 방식이 주위에도 많은 영향을 미치니까요. 다만 능력자라고 해서 잔소리하거나 상대를 가르치는 말투로 대하면 상대에게 정신적인 중압감을 주면서 반감을 살 수 있으니 주의하세요.

Career
직업

당신은 부와 명예를 모두 손에 넣을 수 있는 사람이므로 자신이 좋아하는 일이나 보람을 느끼는 일, 또는 꿈을 이룰 수 있는 일 등 천직이라고 생각하는 일을 해야 합니다. 만약 지금 아무런 동기부여도 없이 타성에 젖어 있다면, 진심으로 당신이 하고 싶은 일이나 관심 분야가 무엇인지 다시 생각해보세요. 당신은 늘 활력이 넘치는 사람이기 때문에 아무리 나이를 먹어도 여전히 젊게 보이고, 일과 사생활 모두 만족하는 생활을 할 수 있어요. 다소 완고하고 고집스러운 면도 있지만, 오히려 그런 부분이 성공의 비결이지요. 포기를 모르며 출세운도 강해서 경영자나 프리랜서로 활동하는 사람이 많을 거예요. 만약 당신이 회사원이라면 부하 직원을 이끄는 위치에 있겠죠.

Finance
금전

당신은 성격이 호탕해서 돈을 잘 쓰는 편입니다. 귀여운 후배들에게 통 크게 베풀거나 부모가 원하는 물건을 척척 선물하고, 자신이 갖고 싶은 것도 쉽게 사는 사람이에요. 다른 사람보다 물욕이 강한 편이다 보니 돈 버는 방법에도 관심이 많아요. 마인드 넘버 5인 킹에게 수입이 적어 절약해야 하는 인생은 어울리지 않겠죠? 만약 아무리 노력해도 월급이 오르지 않거나, 갖고 싶은 것이 있어도 참아야 하는 생활을 하고 있다면 다른 직업을 찾든지, 특별한 자격증을 취득해 부업 또는 사업에 도전해보세요. 마인드 넘버 5는 실제로 성공하는 사람이 아주 많아요. 혹시 주변에서 불가능하다고 만류해도 당신에게 확신이 있다면 반드시 실행해야 합니다. 당신이 좋아하는 일이 직업이 된다면 세상에 두려울 게 없는 천하무적이 될 겁니다.

Relationship
인간관계

당신은 좋고 싫음이 분명한 성격이라 대화가 잘 통하는 사람이나 친구가 되고 싶은 사람이 있다면 먼저 다가갈 거예요. 반대로 관심이 없거나 대화가 안 통하는 사람은 이런저런 핑계를 대며 피하겠지요. 당신은 '킹'이기 때문에 자신이 정해놓은 길을 꿋꿋하게 걸어가야 합니다. 당신의 의욕을 저하하는 상대나 항상 불평불만을 늘어놓기만 하고 성장하지 않는 사람, 자신은 아무런 노력도 하지 않으면서 성공한 사람을 부러워하는 사람과는 관계를 맺지 않는 편이 좋아요. 왜냐하면, 당신의 발목을 잡거나 성공에 방해가 될 뿐이니까요. 당신처럼 꿈을 향해 노력하는 사람이나 긍정적인 사람과 함께 있으면 서로 절차탁마하면서 성장할 수 있습니다. 친구나 동료가 당신의 운세에 큰 영향을 미치게 되니 친구 선택은 매우 중요합니다.

Fitness
건강

당신은 평소에도 냉증에 걸리지 않도록 신경 써야 합니다. 온도가 너무 낮은 곳이나 교통기관, 혹은 차가운 음료처럼 몸을 차게 하는 것에 주의하세요. 더운 날에도 실내에서 걸쳐 입을 옷을 준비하고 따뜻한 물을 마시는 등 될 수 있으면 몸이 냉해지지 않는 생활습관을 들이세요. 또 몸 안의 독소와 냉기를 빼고 체온을 올리는 반신욕이나 족욕을 자주 하고, 생강이나 인삼 같은 따뜻한 성질의 차를 마시면 냉증을 예방할 수 있을 거예요. 킹은 해야 할 일이 많고 늘 바쁜 사람이므로 기분전환이 꼭 필요합니다. 좋아하는 취미에 몰두하거나 그야말로 아무것도 하지 않는 특별한 시간을 가지세요.

✣ **행운 네일** 한 가지 색상의 네일

✣ **행운 메이크업** 브러시나 펜슬로 눈썹 산을 강조한 지적인 눈썹

✣ **행운 아이템** 허리라인을 살려주는 옷

✣ **행운 여행지** 태국, 싱가포르, 라스베이거스, 도쿄

✣ **행운 장소** 사무실, 백화점

✣ **행운 액션**

생각하면 곧바로 행동
성격이 급하고 생각을 바로 행동으로 옮기는 마인드 넘버 5. 그런 적극적인 자세가 좋은 결과로 이어질 테니 작은 일도 나중으로 미루지 마세요. 그러면 행운도 멀어집니다.

식사는 채소 듬뿍
활력이 넘치고 하고 싶은 일이 많은 당신이므로 평소에도 건강관리를 잘해야 합니다. 폭음이나 폭식은 피하세요.

가벼운 근육운동
샘물처럼 끊임없이 솟아나는 아이디어를 행동에 옮기려면 건강이 가장 중요하겠죠. 기초체력을 잘 다져두면 언제까지나 젊게 살 수 있답니다.

✣ **기분이 가라앉을 때**

방 청소
마음이 답답할 때는 차분하게 주변을 정리하면 '무(無)'의 상태가 될 수 있습니다. 아무 생각 없이 할 수 있는 단순 작업도 기분전환에 도움이 될 거예요.

불만을 털어놓고 후련하게
쿨한 성격의 당신, 아닌 것은 아니라고 분명하게 말하세요. 마음속에 나쁜 감정이 쌓여 있으면 피부가 거칠어지고 체중도 증가합니다.

꿈과 목표 세우기
일이 잘 안 풀려서 우울할 때는 다시 한 번 꿈이나 목표를 세워보세요. 기회를 잡는 방법에 집중하다 보면 미래가 선명해지고 기분도 좋아질 테니까요.

마인드 넘버 5 셀러브리티

비욘세, 안젤리나 졸리, 셀리나 고메즈, 모니카 벨루치, 조앤 K. 롤링, 크리스티나 리치, 부탄 왕, 장 레옹, 샤이아 라보프, 링컨, 손정의

나탈리아 보디아노바 (Natalia Vodianova)

"의욕과 근성으로 대성공"

나탈리아 보디아노바는 러시아 출신 슈퍼모델입니다. 가난한 미혼모 가정에서 태어나 장애가 있는 여동생을 돌보는 한편, 생활비를 벌기 위해 거리에서 과일을 팔다 우연히 찾아든 캐스팅 제의로 그녀 인생 최대의 기회를 맞게 됩니다. 이때가 15살 '기회'의 해. 에이전트에서 영어를 배우면 가능성이 커진다는 말을 듣고 필사적으로 영어를 정복하지요. 각오를 다져 거점을 파리로 옮긴 후 선택받은 몸매에 안주하지 않고 기회를 잡기 위한 혹독한 노력으로 패션쇼 런웨이 무대에 데뷔합니다. 이후 인기 모델이 되면서 순조롭게 고공행진을 하고 있을 때, 영국 귀족 자제와 결혼하여 세 명의 아이를 낳았지만, 십 년 만에 이혼한 후 LVMH 그룹 CEO의 아들과 교제를 시작합니다. 그녀는 세 아이의 출산과 이혼에 대해 전혀 후회 없다는 긍정적인 마인드를 보입니다. 어떤 상황에서도 긍정적이며 강인한 그녀이기에 남성들도 강렬한 매력을 느끼는 것이겠죠? 나탈리아 보디아노바는 현재 '네이키드 하트 재단(Naked Heart Foundation)'을 운영하며, 자신이 태어나고 자란 러시아에서 경험한 가난을 잊지 않고 모국인 러시아의 아이들에게 지원 활동도 하고 있답니다. 그녀는 자신의 유명세를 이용해 문화를 바꾸는 데 주저함 없는 의식 있는 셀러브리티로 인정받고 있습니다.

"성공한 사람이란 당신을 두고 하는 말"

보통 사람은 아무리 노력해도 손에 넣기 힘든 기회를 반드시 잡을 수 있습니다. 어떤 어려운 일이라도 당신의 실력이라면 쉽게 해결할 수 있으니 꿈과 이상을 향해 전진하세요.

 남성

성공의 별을 손에 쥐고 태어난 사람

모든 마인드 넘버 중에 가장 남성성이 강한 캐릭터. 게다가 인기, 돈, 즐거움에 대한 욕망도 매우 강합니다. 그런 그는 같은 남성들에게도 동경의 대상입니다. 직장에서도 의미 있는 성과를 남기고, 고소득자로 알려져 주변에 많은 경쟁자가 있을 거예요. 외모가 잘 생기지 않아도 파워풀한 캐릭터로 사랑받습니다. 그는 섹시한 노출이나 귀여운 여자도 좋아하지만, 같이 다니면서 자랑할 수 있는 여자가 이상형입니다. 섹스도 스포츠라고 생각해서 침대로 들어갈 때까지가 게임이라고 냉정하게 선을 긋는 면도 있어요. 사실 그는 권위주의자입니다.

마인드 넘버 5 남성을 만나려면, 일과 관련된 이야기나 평소의 안부를 물으며 그에 관해 알고 싶다는 뉘앙스를 풍기세요. 다만 너무 적극적으로 다가서면 쉽게 질리는 성격이니 그가 쫓아올 수 있도록 먹잇감만 던져놓으세요. 순종적이기만 한 여성에게는 만족하지 못하니 쉬운 여자가 아니라는 모습을 보여야 합니다. 둘 사이에 어떤 문제가 생겼을 때 정면으로 맞서면 큰 싸움으로 발전할 수 있으니, 그런 상황에서는 슬프다며 어리광을 부리는 약한 여자를 연기하세요. 자신에게 의지하면 한없이 약해지는 타입이니까요.

그와 결혼하려면? **Keyword** 현모양처

아무리 자신감이 없어도 당당한 표정과 행동이 힘의 원천인 그에게 결혼 상대의 조건이란 지켜주고 싶거나 인생을 함께 걸어갈 수 있는 여성입니다. 의외로 고풍스러운 그는 결혼하면 따뜻하고 안정적인 가정을 꾸리고 싶어 합니다. 결혼 후에도 자신은 친구들과 밤늦게까지 놀다 들어오더라도 아내는 집에서 정숙하게 기다려주기를 바라지요.

MESSENGER

마인드 넘버 6 메신저

인맥이 기회를 가져오는 마인드 넘버 6

사람의 마음을 여는 프로, 아낌없이 사랑을 베푸는 순수한 사람입니다.
호기심도 많아 배우는 것을 좋아하는 당신
지적 호기심을 자극하는 다양한 사람과의 만남에 행운이 있습니다.

Character
성격

당신은 자기만의 독특한 세계를 가진 사람입니다. 다른 사람을 즐겁게 하는 것을 좋아하며 장난기가 가득한 사람이기도 하지요. 무슨 일이든 척척 잘 해내고 순수한 면도 있어서 친해지면 친해질수록 엉뚱하다, 독특하다는 말을 듣기도 할 거예요. 마인드 넘버 6은 '호기심과 지식, 공부'가 키워드. 관심 분야의 폭도 넓고 장르도 다양합니다. 지적 호기심을 자극하는 사람과 만날수록 당신의 기운도 좋아집니다. 만약 지금 지적 향상이 부족한 데이트를 하고 있다면, 뭔가를 함께 배우거나 세미나에 참가해보는 것도 좋습니다. 재능이 많은 당신 주위에는 늘 사람이 많이 모여들 거예요.

Love
사랑

당신은 낯을 많이 가려서 처음에는 강한 경계심을 보이며 친해지기까지 시간이 좀 걸리는 편입니다. 공통된 취미나 이야깃거리가 있다면 쉽게 가까워지지만, 마음을 열 계기가 없다면 좀처럼 관계가 발전하지 못합니다. 만약 지금 싱글이라면 닥치는 대로 소개팅을 하거나 선을 보는 것보다는 취미나 관심 분야의 커뮤니티를 통해 연인 후보를 찾아보세요. 다만 생각이 너무 많으면 사랑할 기회를 놓칠 수도 있으니 괜찮은 사람이 나타나면 친구를 대하듯 편하게 시작해보는 것도 좋습니다. 당신은 타고난 연애 체질은 아니라는 사실을 염두에 두고 일단 가벼운 만남부터 시도해보세요. 지나치게 상대방 상황만 고려하다가 타이밍을 놓치지 않도록 주의하세요.

Marriage
결혼

봉사 정신이 강한 당신은 연인을 위해 몸에 좋은 요리를 배우거나, 어울리는 옷을 골라주고, 함께 고민해주는 멋진 여성입니다. 반면에 인내심이 강한 성격이다 보니 싫은 걸 싫다고 말하지 못하다가 한 번에 폭발해버릴 수도 있어요. 그의 말과 행동이 거슬릴 때는 그 자리에서 바로 이유를 설명하고 대처 방법을 일러주세요. 나중에 곱씹으면 상대도 왜 그때 말하지 않았느냐며, 큰 싸움이 될 수도 있거든요. 당신은 매우 신중한 편이라 분위기에 휩쓸리지 않고 상대의 미래가 보이고 성실함을 느낄 때 결혼을 결심할 거예요.

Career
직업

마인드 넘버 6의 키워드는 '교육, 전달, 기록'입니다. 말을 재치 있게 잘하며 글 쓰는 일에도 소질이 있고 독서를 좋아합니다. 당신은 당신이 얻은 지식과 경험을 사람들에게 전달하는 일이 적성에 맞습니다. 당신의 말에는 사람을 끄는 매력이 있으니 기회가 생기면 부끄러워하지 말고 사람들 앞에서 이야기해보세요. 분명 당신의 이야기를 더 듣고 싶다는 요청이 쇄도할 겁니다. 글 쓰는 일이 부담스럽다면 우선 블로그나 SNS부터 가볍게 시작해 봐도 좋겠죠.

Finance
금전

당신은 부동산 투자에도 운이 있으므로 미혼, 기혼 상관없이 내 집 마련을 일찍 할 수 있는 사람입니다. 목표를 설정하고 젊었을 때부터 구매계획을 세워두면 좋을 거예요. 감각도 남달라 갖고 싶은 물건은 비싸지만, 돈을 쓸 때는 한 치의 망설임도 없습니다. 집에서 좋아하는 것들에 둘러싸여 있으면 기운도 상승하니 망설이지 말고 당신이 좋아하는 물건을 구매하세요. 당신에게 집은 행운의 장소거든요. 맘에 드는 물건이 비싸다고 적당한 선에서 타협하면 당신의 좋은 기운을 떨어뜨려요. 편하게 쉴 수 있는 환경을 만드는 것도 당신에게 중요한 일 중 하나이니 갖고 싶은 물건을 살 수 있도록 평소에 저축해 두면 좋을 것 같아요.

Relationship
인간관계

마인드 넘버 6은 남녀노소 관계없이 인간관계의 폭이 매우 넓습니다. 어렸을 때부터 어딘가 어른스러운 면이 있어서 연배가 높은 사람들도 귀여워했을 거예요. 마인드 넘버 6인데 인간관계의 폭이 좁다면 지금부터라도 적극적으로 넓혀가세요. 연배가 높은 사람이나 경험이 풍부한 사람, 박학다식한 사람은 당신을 자극하고 성장시켜 당신의 세계를 확장해 줍니다. 당신은 수줍음이 많고 소극적인 면도 있지만 마음에 여유가 있고 활기 넘칠 때는 사람들을 초대해 함께 식사를 즐기거나, 대화가 잘 통하는 사람들끼리 연결해주기도 할 거예요. 타인을 위해 봉사하거나 상담, 조언, 가르치고, 지켜주고, 소개하는 등 사람들에게 베푸는 일을 통해 당신의 운도 강해집니다. 그러니 인맥은 넓으면 넓을수록 좋겠지요.

Fitness
건강

당신은 부탁을 받으면 좀처럼 거절을 못 하고 기대하면 기대 이상의 결과를 내고 싶어 하는 사람입니다. 그러다 보니 자연스럽게 스트레스가 많이 쌓이겠죠. 스트레스 때문에 기침이 심해지거나 피부에 검버섯이 생기고 한밤중에 갑자기 눈물이 흐르는 일도 있을 거예요. 몸이 비명을 지르고 있는데도 전혀 눈치 채지 못하고 오히려 더 분발하려는 성향이 있으니 지쳐서 쓰러지기 전에 자신을 돌보세요. 스트레스를 풀 때는 외부와 단절하고 혼자만의 여유로운 시간을 보내도록 하세요. SNS 체크나 업무 관련 전화, 메일, 인터넷 서핑도 없는 휴식이 당신에겐 꼭 필요합니다. 기억하세요! 당신의 몸은 하나뿐이라는 걸.

✿ **행운 네일**　　　프렌치 네일

✿ **행운 메이크업**　CC크림으로 가볍게 표현한 투명 메이크업

✿ **행운 아이템**　　액세서리, 촉감이 부드러운 물건

✿ **행운 여행지**　　인도, 캐나다, 뉴질랜드, 독일, 교토

✿ **행운 장소**　　　집, 세미나장

✿ **행운 액션**

나이, 성별, 직업과 관계없이 네트워크 확장
마인드 넘버 6 주변에는 희한하게 사람들이 모이기 때문에 다양한 분야의 사람과 만날 기회가 많습니다. 훗날 어떤 형태로든 인연이 될 수 있으니 폭넓게 사귀어두세요.

사람과 사람을 연결
사람과 사람을 연결하는 일에 능숙한 당신. 소개한 사람끼리 친해지는 것에 연연하지 말고 어울릴 것 같은 사람들은 솔선해서 소개해주세요.

요리
음식을 통해 행복을 불러올 수 있습니다. 홈 파티에서 직접 만든 요리를 대접하면 호감도 급상승. 그에게 솜씨를 자랑한다면 입과 마음을 동시에 사로잡을 수 있을 거예요.

✿ **기분이 가라앉을 때**

시원하게 울기
참을성 많은 당신은 어리광을 부릴 줄도 모릅니다. 항상 누군가를 돌보는 역할을 맡고 있진 않나요? 짜증이 나거나 불안할 때는 한바탕 울고 마음을 클렌징하세요.

명 상
주위로부터 기대를 받으면 기대하는 이상의 힘을 발휘하는 당신. 하루에 5분이라도 호흡을 정리하고 명상을 하면 마음이 차분해지고 한결 가벼워질 거예요.

애완동물과 아이들에게 얻는 정서적 안정감
조금 강한 체하는 당신은 약한 모습을 보이기 싫어합니다. 애완동물과 아이들 앞에서는 본래의 천진한 당신 모습으로 돌아가 정서적인 안정감을 얻을 수 있을 거예요.

마인드 넘버 6 셀러브리티

애거사 크리스티, 모나코 공작부인 샤를린, 지지 하디드, 릴리 로즈 뎁, 밀라 요보비치, 마이클 잭슨, 아인슈타인, 저스틴 팀버레이크, 주드 로, 아쿠타가와 류노스케

빅토리아 베컴 (Victoria Beckham)

"지성과 품격이 키워드"

여성 팝 그룹 스파이스 걸스에서 시작해 끈기와 지식욕으로 일과 가정을 양립한 빅토리아 베컴. 남편인 잉글랜드 축구 선수 데이비드 베컴과는 그의 구애로 교제를 시작합니다. 그녀와 교제 후 베컴은 세계적인 패션 아이콘이 될 정도로 스타일리시하게 변신하지요. 스포츠 선수는 은퇴 후가 중요하다고 하는데, 그의 경우에는 빅토리아 덕분에 데님, 선글라스, 코스메틱 브랜드 론칭 등 다양한 경험을 할 수 있었습니다. 그들의 아이들은 빅토리아의 교육방침대로 엄격한 교육을 받으며 멋지게 성장했고 부모의 훌륭한 유전자를 물려받아 뛰어난 용모까지, 만사가 순조롭게 흘러갑니다. 2008년 론칭한 '빅토리아 베컴' 패션 브랜드도 고향인 영국의 중심 도시에 브랜드숍을 열어 레드카펫 드레스로 선보일 정도로 성공합니다. 2017년엔 영국의 패션 및 자선 사업 부문에 기여한 공로를 인정받아 영국 왕실로부터 훈장을 수훈한 빅토리아 베컴. 강한 그녀의 삶은 배울 점이 많습니다.

"무드 메이커, 사람의 마음을 여는 프로"

당신의 화술과 미소는 상대를 매료시키고 어떤 사람과도 쉽게 친해질 수 있는 마법 지팡이. '친구'와 '인맥'은 가장 소중한 보물입니다.
보물이 증가하면 증가할수록 새로운 기회도 늘어날 거예요.

 마인드 넘버  남성

온화해 보이지만 완고하고 신념이 강한 사람

타인의 일이나 본인의 업무를 우선시하다 보니 정작 자신은 돌보지 않는 타입입니다. 게다가 1등이 되기보다는 2, 3등의 자리에서 지지하는 역할을 선호하는 사람이죠. 마인드 넘버 6의 남성은 곤경에 처한 사람을 그냥 지나치지 못하는 성격이라 고민 상담을 많이 해줄 거예요. 남을 의식하는 면도 있어 지나치게 타인의 평가나 시선에 신경 쓰기도 하지요. 다른 사람의 이야기는 잘 들어주지만, 자신에 관한 이야기를 하는 것에는 능숙하지 못합니다. 그런 그가 조금씩 자기 이야기를 털어놓기 시작했다면 마음을 열었다는 사인입니다. 여자 친구는 자아가 확실한 사람을 좋아합니다. 만난 지 얼마 되지 않아 육체적인 관계를 요구하지도 않을 거예요. 소중한 사람일수록 시간을 들여 신뢰 관계를 구축해가는 타입이거든요. 다소 마이페이스형이라 자신의 페이스를 무너뜨리거나 다른 가치관을 강요당하면 힘들어하는 사람이니 그 점은 주의하세요.

그와 결혼하려면? `Keyword` 어른스러움과 그의 부모님의 호감

당신을 그의 가족이나 친구에게 소개한다면 결혼으로 향한 제 1관문 통과. 그때 당신이 사람들을 어떻게 대하고, 어떤 행동을 하는지 엄격하게 판정하고 있으니 예의에 어긋나는 말과 행동을 하지 않도록 조심하세요. 원래 독신주의는 아니라서 갑자기 불꽃이 튀는 사람이 생기면 결혼을 결심하는 일도 있으니 안심하세요. 그의 프러포즈를 유도하려면 결혼해도 달라질 필요가 없다는 당신의 생각을 은근슬쩍 내비치세요. 더불어 독립적인 여성의 일면을 어필하는 것도 효과적입니다.

LOVER

마인드 넘버 7 러버

사랑이 삶의 모든 원천, 마인드 넘버 7

사랑받고 사랑하는 당신은 사랑할 때 행복해질 수 있습니다.
당신에게 훌륭한 파트너와 좋은 친구는
인생이 달라질 만큼 중요한 의미가 있답니다.

Character
성격

당신은 무한한 사랑을 소유한 사람. 연인과 아이들뿐만 아니라 누구에게나 사랑을 줄 수 있고, 또 만인의 사랑을 받는 아이돌과 같은 존재랍니다. 만약 지금 당신이 대가 없는 사랑을 베풀지 못하고 타산적이거나 자기중심적으로 살고 있다면 평생 좋은 기회를 잡지 못할지도 모릅니다. 언제나 사람들에게 사랑받는 존재인 만큼 당신의 가치에 걸 맞는 고귀한 행동을 하도록 노력해야 합니다. 질투심 가득한 눈빛으로 세상을 삐딱하게 보거나 불평불만을 늘어놓는다면 당신의 가치는 떨어질 수밖에 없습니다. 잘못을 지적받으면 우선 상대의 이야기에 귀를 기울이고, 잘못이 있다면 솔직히 사과하고 오해가 생기지 않도록 상황을 자세하게 설명해주세요. 아무쪼록 '하지만', '그런데'라는 단어는 당신을 깎아내리는 부정적인 단어라는 걸 기억하세요.

Love
사랑

당신은 어떤 사람과 사랑하느냐에 따라 인생이 크게 달라지는 사람입니다. 그러니 아무 조건 없이 사랑해 주는 사람을 만난다면 인생 최고의 행복은 당신 것이 되겠지요? 바람둥이나 감정 조절이 힘든 폭력적인 사람, 말로 상처 주는 사람은 당신에게도 상처를 주면서 사랑과 일에 대한 의욕을 잃게 할 거예요. 또 사랑하면 취미나 패션 취향, 행동 패턴 모두 그를 닮아가기에 그만큼 당신은 파트너 선택이 중요합니다. 게다가 이별의 상처도 새로운 사랑으로 위로받아야 하는 사람이에요. 다소 치료법이 잔인하긴 해도 새로운 사람을 만나야만 연애 단절 없이 꾸준하게 사랑할 수 있답니다. 사랑은 당신의 운을 활짝 여는 열쇠라는 걸 기억하세요.

Marriage
결혼

당신은 상대에게 얼마나 소중한 존재인지, 얼마나 사랑받는 존재인지가 결혼 선택의 중요한 지표입니다. 결혼 후에도 배우자와의 사랑의 온도가 결혼 생활을 윤택하게 할지 파탄에 이르게 할지를 결정하기도 하지요. 두 사람의 관계가 권태기에 들어섰거나 배우자의 사랑을 느끼지 못하면 당신은 다른 상대에게 빠질 위험도 있답니다. 강렬하게 누군가에게 사랑받고 싶다는 생각을 하게 되거든요. 그러므로 결혼 후에도 함께 할 수 있는 취미나 둘만의 데이트 시간을 갖는 등 언제까지나 처음과 같은 마음을 유지할 수 있도록 의식적으로 노력해야 합니다.

Career
직업

당신에겐 사람을 끄는 매력이 있습니다. 그러한 천성적인 아이돌 성향을 잘 활용하기 위해서는 사람들 앞에 나서는 화려한 직업이 좋습니다. 예를 들면 미용이나 패션, 예능, 아나운서, 상품기획, 항공 승무원, 의사 등의 직업이겠죠. 만약 지금 하는 일이 지루하다면 당신의 적성을 살릴 수 있는 새로운 일을 찾아보세요. 당신은 마치 꽃과 같은 사람이므로 가혹한 직장이나 인간관계로 인한 스트레스가 쌓이면 볼품없이 시들어 버린답니다. 반대로 보람 있는 일이나 당신의 존재를 인정해주는 직장이라면 언제까지나 아름답고 화려하게 살아갈 수 있을 거예요.

Finance
금전

사랑을 지배하는 마인드 넘버 7은 일에 너무 몰두하다가 연애 감정을 잃어버리면 안 됩니다. 당신은 연애를 통해 인생의 멋진 기회를 잡는 사람이며 당신의 인생 스토리는 사랑 없이 시작되지 않거든요. 게다가 모두가 부러워하는 상대를 만날 운도 있습니다. 부유하거나 높은 지위의 사람, 혹은 외국인이나 스포츠 선수, 의사, 변호사, 교수 등 영향력 있는 상대를 만나면 당신의 인생도 즐거워집니다. 그런 사람들과 많이 만날 수 있는 일을 한다면 일거양득의 효과를 볼 수 있겠죠. 당신에게 돈을 버는 일은 어디까지나 취미일 뿐, 자신을 치장하거나 모임의 식사비로 가볍게 써버릴 거예요. 멋진 상대를 만나기 위해서는 자신을 가꾸기 위한 투자나 교제비를 아끼지 마세요.

Relationship
인간관계

당신의 화려함이 부러움과 질투의 대상이 될 수 있으니 친구들을 대할 때는 배려가 필요합니다. 시간, 장소, 상황에 따라 메이크업과 헤어스타일을 코디하세요. 너무 두꺼운 화장이나 요란한 겉모습으로 출근하면 선배 언니의 눈에 거슬릴지도 몰라요. 남녀노소는 물론 동성에게도 사랑받는 캐릭터가 될 수 있도록 노력하세요. 다만 누구에게나 지나치게 친절하면 연인에게 쓸데없는 의심을 받을 수 있으니 직장 동료나 지인과도 필요 이상으로 친하게 지내지 않는 편이 좋습니다. 특히 상대에게 특별한 감정이 없다면 상대가 착각할 수 있는 말과 행동에는 주의해야 합니다. 나중에 성가신 문제가 생길 수 있으니까요.

Fitness
건강

당신이 늘 젊고 건강하게 살기 위해서는 타인의 시선을 의식하는 게 중요합니다. 귀찮다고 집에만 있거나 사람들과의 교류를 피하면 갑자기 폭삭 늙어버릴지도 몰라요. 언제까지나 즐기는 마음을 잊지 말고 자신이 행복해지는 일을 선택해야 합니다. 인간관계나 라이프스타일, 가치관이 고정되기 쉬운 40대 이후에는 당신보다 어린 친구들과 함께하는 시간을 늘리면서 신선한 자극을 받는 것도 좋겠죠. 왁자지껄 떠들며 시간을 보내다 보면 스트레스도 해소되고 건강하게 지낼 수 있을 거예요. 당신이 시들지 않는 젊음과 아름다움을 지킨다면 아무리 나이를 먹어도 사랑할 기회는 얼마든지 있답니다. 돌아온 싱글이거나 혹은 아이가 있거나 나이가 많아도 당신에게는 전혀 문제 되지 않아요. 만약 당신이 아직 싱글이라면 지금 당장 예쁘게 꾸미고 외출하세요.

- 행운 네일　　　리본 네일
- 행운 메이크업　　섀도를 이용한 입체적인 애교살 메이크업
- 행운 아이템　　　화장품, 펌프스
- 행운 여행지　　　뉴욕, 샌프란시스코, 홍콩, 누벨칼레도니
- 행운 장소　　　　레스토랑, 일루미네이션이 예쁜 곳
- 행운 액션

  연배가 높은 사람과 친해지기
  당신에게 행운을 가져다주는 존재는 연배가 높은 사람이니 당신이 먼저 친해지도록 노력하세요.

  늘 사랑할 준비를
  최고의 사랑을 받는 넘버 7은 언제든지 사랑에 빠질 준비가 되어 있어야 합니다. 운명적인 만남이 도처에 널려있으니까요.

  자신 있는 표정 연구
  무의식적으로 보이는 표정이나 셀카의 각도 혹은, 단체사진의 표정 등 모두 계산이 필요합니다. 예쁘게 보이는 방법을 연구해보세요.

- 기분이 가라앉을 때

  마사지나 간단한 시술
  마사지나 간단한 시술은 기분전환에 도움을 줍니다. 평소에도 림프 마사지를 하면 기의 순환이 좋아지면서 행복 체질이 될 거예요.

  이성에게 상담
  당신은 동성보다 이성과 함께 있으면 기분이 더 좋아집니다. 우울할 때에는 동성 친구에게 불만을 늘어놓기보다는 이성 친구와 대화하는 편이 더 낫습니다.

  예쁜 차림으로 외출
  기분이 가라앉는다고 집 안에만 웅크리고 있는 건 당신과 어울리지 않아요. 짜증이 나거나 우울할 때일수록 예쁘게 꾸미고 화려한 곳으로 외출하세요.

마인드 넘버 7 셀러브리티

마릴린 먼로, 다이애나 왕세자비, 퍼기, 바네사 허진스, 테일러 스위프트, 나탈리 포트만, 조니 뎁, 맥컬리 컬킨, 레오나르도 디카프리오, 이완 맥그리거, 휴 그랜트, 기무라 타쿠야

밀라 쿠니스 (Mila Kunis)

"파트너가 인생을 좌우"

밀라 쿠니스는 우크라이나에서 로스앤젤레스로 이민 와 9살 때부터 연기 수업을 받습니다. 우연한 기회에 스카우트되어 예능 활동을 시작하면서 배우 맥컬리 컬킨과 8년간 교제합니다. 오랜 시간 그의 서포트를 하다가 27살 '결단'의 해에 영화 〈블랙 스완〉으로 여배우로서 크게 비약하며 여전히 무기력하게 지내는 맥컬리 컬킨과 헤어지게 되지요. 그 후 14살 때 함께 드라마에 출연하면서 인연을 맺었던 애쉬튼 커쳐와 교제를 시작합니다. 그녀는 그다지 결혼에 대한 생각이 없었지만 두 번째 결혼인 애쉬튼 커쳐는 밀라와의 첫 아이 출산을 매우 기뻐했다고 합니다. 밀라가 애쉬튼 커쳐와 교제할 때 맥컬리는 생활이 엉망이 되어 목숨이 얼마 남지 않았다는 등의 소동이 벌어지기도 했지요. 그녀가 애쉬튼 커쳐와 결혼한다는 이야기가 화제가 되고 있을 때는 밀라보다 빨리 결혼하고 싶다며 이제 막 사귀기 시작하던 여성과 결혼을 서둘렀다고 합니다. 밀라는 그런 맥컬리의 저주를 떨치고 보란 듯이 새로운 사랑을 키우며 미국 텔레비전 배우 중에 가장 높은 출연료를 받는다는 부자 남편 애쉬튼 커쳐와 행복하게 아이를 키우는 중입니다. 마인드 넘버 7에게 긍정적인 자세야말로 행복을 위한 필수 조건이죠.

마법의 메시지

"당신 주위에 많은 사람이 모여듭니다!"

사람들에게 친절히 대하고 사랑을 베풀어야 해요.
당신은 고독하거나 살벌한 환경에 있으면 안 됩니다.
가족이나 연인, 친구, 애완동물과 함께 지내면 행복이 찾아들 거예요.

 마인드 넘버  남성

마인드 넘버 가운데 최고의 로맨티시스트

그는 연애 체질로 태어났어요. 겉으로는 그렇게 보이지 않아도 사귀어 보면 감춰진 낭만주의를 알게 될 거예요. 당신이 사랑하는 그가 솔로라면 지금이 기회입니다. 그는 연인에 따라 운이 좌우되기 때문에 당신이 그를 서포트해주면 재능을 꽃피울 가능성이 커져요. 연인에게 친절한 젠틀맨이 많아서 당신도 그에게 사랑을 받으면 자신감이 생기고 만족감을 느낄 겁니다. 단 외로움을 많이 타고 여성의 유혹에 약한 점이 불안 요소. 당신이 일을 우선시하면서 차가운 태도를 보이거나 그에게 일이나 생활 태도를 가르치려 하는 순간, 애정이 식으면서 다른 상대를 찾아낸 후 깨끗하게 이별을 고할 거예요. 그는 어떤 상황에서도 친절함을 잃지 않는 평화주의자이며 태도도 변하지 않아 그의 불만을 쉽게 눈치 채지 못할 수도 있습니다. 그와의 사랑을 처음처럼 유지하려면 자신을 예쁘게 꾸미는 일도 게을리 하면 안 되겠죠. 여성은 늘 밝고 예쁘길 원하며 여성을 보는 눈 또한 높거든요. 감각이 남다른 사람이니 복장이나 헤어스타일에도 신경 써야 합니다.

그와 결혼하려면? **Keyword** 언제까지나 뜨거운 관계 유지

당신이 즐거운 마음으로 그를 보살핀다면 그도 싫지는 않아서 그대로 둘지 모르겠지만, 결혼 대상에서는 멀어질 수 있습니다. 당신이 어머니와 같은 위치가 되면 연인의 자리는 다른 누군가가 차지할 가능성이 있답니다. 그를 보살필 때는 적정선이 필요하고 여성으로서의 매력을 유지하는 게 중요해요. 그렇지 않으면 그가 먼저 이별을 고할 수도 있으니 조심하세요.

FIGHTER

마인드 넘버 8 파이터

유일무이한 존재, 마인드 넘버 8

발탁, 출세, 성공은 당신의 키워드
타협하지 않는 자기만의 세계가 중요합니다.
없는 길도 개척하는 당신에게 불가능한 꿈은 없습니다.

Character
성격

당신은 정의감이 넘치고 흔들리지 않는 자아를 가지고 있으며, 아닐 때는 아니라고 분명하게 말하는 사람입니다. 자신이 이해할 수 없는 일을 어쩔 수 없이 받아들여야 할 때는 기분이 가라앉으면서 우울해질 수도 있어요. 그만큼 당신은 자기 세계가 강한 사람이죠. 또한, 기본적으로 온화한 성격이지만 자기만의 꿈과 목표가 생기면 곧장 돌진하는 용감하고 결단력 있는 유형입니다. 당신은 9개의 마인드 넘버 중에서도 큰 기회를 잡을 준비가 된 상위 부류에 속해요. 취미는 혼자서 할 수 있는 일을 좋아하고 깊은 사색에 잠기는 철학자와 같은 면도 있습니다. 반면에 자기주장이 확실하므로 강한 여성이라는 오해를 받기도 하지만 사실은 섬세한 내면을 가진 사람이지요.

Love
사랑

마인드 넘버 8의 사랑은 한 마디로 '미래가 없는 사람과 만나지 않는다.' 당신은 결코 자신과의 타협으로 마음에도 없는 사람과는 사귀지 않아요. 그러니 배우자를 선택할 때 중매결혼이나 정략결혼은 맞지 않겠죠. 키가 크고 잘 생긴 남자와 인연이 있는 당신은 그와 함께 있으면 눈에 확 띄는 멋진 커플로 인정받으며 사람들에게 동경의 대상이 될 거예요. 당신은 성격도 시원시원하고 거침없어서 강한 여성으로 보이지만, 좋아하는 사람을 위해서 마음을 다하는 기특한 면도 있고 내 남자의 기를 살리는 지혜롭고 현명한 타입입니다. 그의 건강관리를 위해 진심 어린 조언을 하는 등 가장 든든한 존재이기도 하지요. 다만 그를 너무 위한 나머지 정곡을 찌르는 말로 상처를 주거나 그를 조종하려는 면도 있으니 도를 넘지 않도록 주의하세요.

Marriage
결혼

당신은 그 어떤 꿈이라도 이룰 수 있는 사람이므로 결혼 후에도 행복한 가정을 만들어 갑니다. 자기 일에서도 뛰어난 능력을 발휘하고 멋진 남편과 사랑스러운 아이들, 근사한 집과 같은 이상적인 가정을 만들 수 있지요. 강인한 마인드 넘버 8은 어떤 경우에도 절대로 포기하지 않는 정신이 가장 중요하니까 아무리 바쁘더라도 사람들과 함께 보내는 시간을 만들어야 합니다. 현재

일이 바빠서 싱글인 상태라면 일과 사생활의 시간을 조절해서 왕자님을 만날 기회를 만드세요. 경력이나 결혼, 임신 때문에 고민할 필요 없습니다. 당신은 두 마리 토끼를 한꺼번에 잡을 수 있으니까요. 그러니 어느 한쪽을 포기하거나 기회를 다음으로 미루지 마세요. 남편과 아이가 당신의 일을 방해할 일은 결코 없으니까요.

Career
직업

당신은 중요한 비즈니스 기회를 잡을 수 있는 사람이니 자신의 가능성을 절대적으로 믿고 행동하세요. 도시나 해외로 나가는 편이 당신의 꿈을 이룰 기회가 더 많다면 고민하지 말고 도시로 나가거나 유학, 워킹홀리데이 등을 통해 당신의 가능성을 확인해보세요. 당신은 천성적으로 강력한 스타성과 카리스마를 가진 사람입니다. 주위를 리드하는 위치에 서면 더욱 빛날 수 있어요. 자신감 있는 태도로 당당하게 행동하면 주변에서의 평가도 높아집니다. 당신은 늘 더 높은 곳을 목표하는 향상심이 높은 사람이기 때문에 정해진 일이나 잡무만 담당하는 직장은 당신의 좋은 기운을 떨어뜨릴 거예요. 직장 선택에 신중하세요.

Finance
금전

당신은 돈에 관한 개념이 견실한 유형으로 그다지 낭비가 없습니다. 그 물건이 정말 필요한지, 또 그만큼의 가치가 있는지 꼼꼼하게 따져보거든요. 한편, 남다른 미적 감각을 가진 당신은 저렴한 가격의 아이템을 활용하여 비용 이상의 효과를 내는 실용적인 코디네이션을 잘 합니다. 블로그나 SNS를 통해 당신의 코디네이션이나 아이템, 혹은 멋진 장소 등을 소개한다면, 당신의 팬이 늘어나면서 갑자기 SNS 인기인이 될지도 모릅니다. 그뿐만 아니라 패션 감각이나 메이크업 방법, 미용과 건강 지식을 공유하는 일이나 아이디어를 살릴 수 있는 기획, 프로듀스, 모델, 블로거, 예능 관련, 자영업, 코디네이터, 통역 등의 일도 권합니다.

Relationship
인간관계

마인드 넘버 8중에는 미인이 많고 사람을 끌어당기는 자석 같은 매력이 있어서 자신이 불러들이지 않아도 당신 주위로 많은 사람이 모입니다. 다만 조금 예민하고 내성적인 면을 가진 마이페이스형이라 많은 사람과 함께 있으면 쉽게 피곤해지고 스트레스가 쌓일 수 있어요. 그런 당신의 기분을 달래기 위해 혼자만의 시간이 꼭 필요합니다. 결혼해서 아이가 생기더라도 이 점은 마찬가지입니다. 집안일이나 직장 일로 쫓기게 되면 당신의 빛이 사라집니다. 어떤 상황이라도 반드시 혼자만의 세계에 몰두할 수 있는 시간을 만들어야 해요. 커피나 허브티를 마시면서 여유로운 시간을 보낸다거나 좋아하는 영화, 책, 공연 등을 보는 것도 좋아요. 당신은 아마 마음을 열고 깊은 이야기를 나눌 친구도 적을 겁니다. 어쩌면 가장 친한 사람이 마음 편한 형제나 부모님일 수도 있을 거예요.

Fitness
건강

당신은 무슨 일에나 지나치게 엄격한 면이 있어서 자신을 궁지로 몰기도 하는데요, 그러다가는 마음에 병이 생길지도 모릅니다. 당신은 죽는 날까지 스스로 빛을 발하는 사람이므로 언제까지나 건강한 몸으로 활기차게 살아야 합니다. 일에 너무 빠져서 수면 부족이나 식사를 거르는 일이 많아지지 않도록 규칙적인 생활을 유지하세요. 당신은 체질적으로 야행성이라 정오가 지나면서 엔진에 발동이 걸리거나, 해가 질 때쯤부터 몸 상태가 좋아질지도 모릅니다. 혹시 그렇다고 해도 의식적으로 24시간이 넘지 않도록 주의하세요. 평소에 붓기 쉬운 체질이니 자기 전에 자가 림프 마사지는 필수입니다!

- 행운 네일　　　　누드 네일
- 행운 메이크업　　섀도로 입체적인 얼굴 표현
- 행운 아이템　　　천연석 액세서리, 가방
- 행운 여행지　　　영국, 중국, 필리핀, 마우이, 모나코
- 행운 장소　　　　핫 플레이스, 파티장
- 행운 액션

프로를 목표로
한 가지 분야를 끝까지 파고드는 사람이 많은 마인드 넘버 8. 좋아하는 일이나 하고 싶은 일, 관심 있는 분야는 망설이지 말고 도전하세요.

뚜렷한 정체성
자기만의 스타일이 확립된 사람이 많고 자신의 언어로 생각을 전달할 수 있어요. 그런 능력으로 사람들이 부러워하는 멋진 인생을 살아갈 수 있답니다.

실패를 두려워하지 않도록
과감하게 도전할 수 있는 사람이기 때문에 그 누구도 해내지 못 한 일을 해낼 수 있어요. 두려워하지 말고 적극적으로 도전하면 당신의 가능성도 활짝 열립니다.

- 기분이 가라앉을 때

몸 움직이기
생각한 대로 일이 풀리지 않아 답답할 때는 달리기나 수영, 요가 등을 하면서 땀을 흘리면 기분전환이 될 거예요.

여유로운 힐링 타임
행동력이 강한 사람이므로 조용히 혼자 보내는 시간도 중요합니다. 좋아하는 입욕제를 풀고 따뜻한 물에 몸을 담그면 몸과 마음의 독소도 말끔히 빠져나갈 거예요.

수다로 스트레스 해소를
수다를 좋아하는 마인드 넘버 8. 기분 나쁜 일을 마음속에 담아두지 못합니다. 오히려 담아두는 것은 몸에 좋지 않으니 친구나 가족, 배우자와 이야기하면서 기분전환 하세요.

마인드 넘버 8 셀러브리티

엘리자베스 테일러, 바네사 파라디, 산드라 블록, 할리 베리, 조르지오 아르마니, 벤 스틸러, 다자이 오사무

오가타 사다코 (緒方貞子)

"운명을 여는 열쇠는 도전 정신"

세계를 감동하게 한 오가타 사타코는 각종 미디어를 통해 자랑스러운 일본인으로 소개된 것을 자주 보았을 거예요. 오가타 씨는 일본인으로서는 처음으로 10년이나 유엔 난민고등판무관을 지냈습니다. 그녀가 세계에서 주목을 받게 된 이유는 분쟁으로 생명을 위협받는 사람들까지도 원조대상으로 삼아야 한다거나, 분쟁지역에 대한 인도적 지원에는 어떤 정치적 간섭도 용인하지 않겠다는 등 철저하게 인도적 지원이라는 입장에서 난민지원 활동을 했다는 점입니다. 국제사회에서 특히 두드러진 존재였던 오카타 씨는 29살 '운명기'에 유학시험에서 만점을 받으며 우수한 성적으로 유학 자격을 획득하고, 명문 학교에 입학한 후에는 정치학 박사학위를 받을 정도로 공부에 매진합니다. 당시로써는 늦은 나이인 33살에 결혼해서 아이를 키우며 대학에서 강의하다가 64살에 유엔 난민고등판무관이 됩니다. 그녀는 온화한 모습과 강인한 근성으로 나이와 상관없이 무슨 일이든 시작할 수 있다는 가능성을 방증해주었습니다.

마법의 메시지

"없는 길을 개척하는 유일무이한 존재"

당신의 말과 행동은 항상 주목을 받고 사회적인 파문을 일으킬 힘을 가지고 있어요.
그러니 신념을 갖고 자신의 직감대로 계속 전진하세요.

 마인드 넘버  남성

어떤 역경 속에서도 꿋꿋하게 자기 길을 가는 사람

그의 머릿속에는 늘 망상과 공상이 꿈틀대고 있어요. 겉으론 밝게 보여도 내면엔 말할 수 없는 고독과 외로움이 있는 사람입니다. 그런 점이 그의 매력이지만 사귀다 보면 까다롭다는 생각이 들기도 할 거예요. 사람들을 즐겁게 하려고 무리해서 서비스 정신을 발휘하다가 혼자 있으면 갑자기 피로가 몰려드는 노력가이기도 하지요. 사람들에게 인정받기 위해서 자기의 지식을 자랑하고 싶어 하는 어린아이 같은 성격이지만, 주위 사람들에게는 오해받기 쉬운 면도 있겠지요. 그런 그를 지지해주면 당신은 그에게 꼭 필요한 존재가 될 거예요. 가끔 생각이 지나쳐 꼼짝 못 할 때도 있으니까, 그럴 때는 걱정과 불안이 덜어지도록 그의 이야기를 차분하게 들어주세요. 자신이 먼저 행동을 취하다가 거부당하면 깊은 상처를 받기 때문에 연애를 진행해가는 단계는 굉장히 신중하지만, 여성에게 계속 리드 당하면 불만을 가질 수도 있어요. 당신이 자연스럽게 그가 먼저 행동을 취할 수 있도록 유도하세요. 마인드 넘버 8의 남성은 함께 있으면 어떤 난관도 헤쳐 나갈 수 있다는 자신감을 느끼게 하는 적극적인 여성과 잘 맞습니다.

그와 결혼하려면? `Keyword` 공통점을 찾아 운명을 느끼도록

항상 바쁘게 움직이고 호기심이 왕성해서 주변 사람들이 휘둘리는 일이 많을 거예요. 그런 그가 마음을 터놓을 수 있는 사람은 독립적이며 안정감이 있고 자신을 서포트 해줄 수 있는 여성입니다. 되도록 부정적인 말을 하지 않으면서 뒤에서 조용히 응원해주는 여성을 지켜주고 싶다고 생각하거든요. 두 사람이 같은 일을 하거나, 취미가 비슷하거나, 혹은 고향이 같거나 하는 등 공통점이 많으면 많을수록 그의 마음을 사로잡을 수 있답니다. 당신밖에 없다는 생각이 들게 하세요.

BALANCER

마인드 넘버 9 밸런서

멀티 플레이어, 마인드 넘버 9

대담함과 섬세함, 긍정과 부정, 무엇이든 '2'와 인연이 있는 당신.
무슨 일이든 균형감 있게
본능이 원하는 대로 망설이지 말고 행동하세요.

Character
성격

마인드 넘버 9는 인생을 탐욕스럽게 살아야 합니다. 숫자 '2'가 키워드인 당신은 뭐든지 '두 가지'를 소유할 수 있거든요. 자신감을 잃고 혼자 끙끙대며 고민하고 있다면 그건 시간 낭비일 뿐이에요. 그럴 시간에 우울한 이유와 원인을 생각해 두 번 다시 같은 실수를 반복하지 않도록 하세요. 친구들과 신나게 수다를 떨거나 이성 친구들과 시끌벅적한 술자리를 만들어 스트레스를 푸는 것도 좋습니다. 겉으로 보기에는 여성스러워 보여도 분위기를 잘 맞추는 시원시원한 성격 덕분에 이성 친구도 많을 거예요. 그들은 당신이 곤경에 처했을 때 손을 내밀어 줄 든든한 지원군입니다.

Love
사랑

당신의 무기는 서글서글한 성격과 어떤 사람이든 꾸밈없이 대하는 태도입니다. 직장 선배나 동기, 후배, 혹은 처음 만난 거래처 사람들도 당신에게 바로 호감을 느끼다 보니 회사나 일과 관련된 모임이 많을 거예요. 연애는 순정적인 면이 있어서 좋아하는 사람이 생기면 그 사람밖에 안 보입니다. 하지만 당신의 인내가 한계에 다다라 가차 없이 상대에게 이별을 고하는 상황이 되면 그때는 뒤도 돌아보지 않고 곧장 걸어갑니다. 다시 되돌릴 수 없게 되지요. 스위치를 끈 순간 감정도 식어버립니다. 그 순간을 기다렸다는 듯이 주변의 남성들이 접근하거나 고백하기 시작하면서 새로운 연애가 다시 시작될 거예요.

Marriage
결혼

마인드 넘버 9는 속도위반을 하거나 반대로 결혼이 아주 늦어지는 경향이 있습니다. 하지만 혼전 임신으로 결혼과 임신을 한꺼번에 얻거나, 경력을 오래 쌓은 후 결혼과 동시에 내 집을 마련하는 등 두 배의 경사를 한 번에 손에 쥘 수 있습니다. 일단 결혼하면 당신은 그를 어린애 다루듯 하며 그가 원하는 모든 것을 해주고 싶어 할 거예요. 그러다 보면 상대가 자기중심적 사고를 하게 되어 싸움이 잦아지게 되겠죠. 처음부터 원하는 대로 다 해주지 말고 집안일이나 육아도 함께 할 수 있도록 달래가며 가르쳐야 합니다. 그래야 당신만 인내하며 손해 보는 환경을 피할 수 있어요.

Career
직업

당신은 재주가 많고 늘 활력이 넘치는 사람입니다. 마인드 넘버 9는 본업 외 '투잡(two-job)'을 가진 사람도 많아 평일에는 회사에서 근무하고 휴일에는 다른 일을 하거나, 낮과 밤에 다른 일을 하는 사람도 있을 거예요. 재택근무 비즈니스를 하거나 두 개의 회사를 운영하는 등 멀티플레이를 할 수 있는 사람이지요. 당신이 지금 한 가지 일만 하고 있다면 가능한 범위 내에서 무리 없이 할 수 있는 다른 일도 찾아보세요. 그래야만 당신이 원하는 것을 더 많이 얻을 수 있거든요. 집과 작업실, 집과 별장, 한국과 해외에 있는 집 등 집도 두 채를 소유할 수 있습니다. 경제적인 여유를 누릴 수 있는 운을 타고난 만큼 관심 있는 분야를 확장해 비즈니스 기회를 많이 만드세요.

Finance
금전

당신은 재물복과 재산 상속 운이 있습니다. 부모나 배우자에게 재산, 혹은 토지나 집을 상속받기도 하고 고향을 떠나 자신의 힘으로 재산을 모을 수 있는 강한 운을 가진 사람입니다. 마인드 넘버 9로 태어난 사람 중에 내 집을 가져본 적이 없다거나 직장도 시원찮다는 사람은 삶의 방식을 재점검해 보세요. 아직 당신의 타고난 운을 제대로 활용하지 못하고 있을 가능성이 있거든요. 당신은 보통 사람보다 더 많은 것을 소유할 수 있는 사람이니 욕심을 가져도 괜찮아요. 출세를 향한 강한 정신으로 도전하세요. 만약 뜻대로 되지 않더라도 절대 포기하지 말고, 꿈과 목표를 향해 계속 도전해야 합니다. 지금까지 경험해보지 않은 전혀 다른 장르의 일을 시작하거나 본업과 다른 부업을 시작하는 것도 좋아요. 해보고 싶은 일이 있다면 뭐든지 도전하세요!

Relationship
인간관계

당신은 혼자 집에서 여유로운 시간을 보내는 것도 친구들과 시끌벅적하게 지내는 것도 좋아하는 사람입니다. 마인드 넘버 9는 무슨 일이든 균형이 키워드입니다. 집이 편하다고 계속 집에만 있거나, 밖이 즐겁다고 계속 밖으로만 도는 것은 좋지 않아요. 균형을 이룰 수 있도록 몸과 마음을 차분히 하는 시간과 다양한 사람과 어울리는 시간을 함께 가져야 합니다. 인간관계도 편견을 갖지 말고 폭넓게 친분을 쌓아두면 좋습니다. 당신은 평범한 사람들과 조금 다른 캐릭터의 소유자입니다. 어딘가 다른 분위기나 개성 있는 코디, 당신만의 독특한 대화법, 어른스러워 보이는데 의외로 순진하거나, 평소에는 부드럽고 상냥한데 일할 때는 엄격한 프로로 변신하는 등 다양한 얼굴을 갖고 있으므로 쉽게 질리지 않는 사람입니다.

Fitness
건강

겉으론 강해 보여도 의외로 순진한 당신. 무언가에 집중하면 수면과 식사도 잊어버리고, 고민이 있으면 한없이 넋을 놓고 있을 거예요. 눈썹이 흐려지고 얇아지면 운세가 불안정해지므로 의식적으로 자연스럽게 두꺼운 눈썹을 그리세요. 당신은 이목구비가 뚜렷한 미인형이라 너무 날카로워 보이는 화장을 하면 다가가기 어려운 인상을 주게 됩니다. 건강해 보이지만 강한 체력을 타고나지는 않았습니다. 무리하면 어질어질하거나 빈혈이 올 수도 있으니 중대한 일을 앞두고 있거나 바쁠 때는 영양가 높은 식단으로 원기를 보충하고, 쉬는 날에는 반드시 컨디션 조절을 해두세요. 그렇지 않으면 프로젝트가 끝나기 전에 당신이 먼저 쓰러질지도 모릅니다.

- ❁ 행운 네일　　　　장식 네일
- ❁ 행운 메이크업　　볼 터치로 친근한 인상 표현
- ❁ 행운 아이템　　　신발, 시계
- ❁ 행운 여행지　　　로스앤젤레스, 브라질, 오스트레일리아
- ❁ 행운 장소　　　　전시회장
- ❁ 행운 액션

  인상에 남는 사람 되기
  사람을 끄는 매력이 있는 마인드 넘버 9. 승부의 날에는 당신의 매력이 최대한 돋보이는 메이크업과 헤어, 패션 코디네이션을 하세요.

  예스와 노를 확실하게
  망설임은 금물. 갖고 싶은 것은 손에 넣어야 해요. 절대 사양하지 마세요. 애매한 대답은 오해를 부를 수 있으니 평소에도 대답은 명확하게 하는 습관을 들이세요.

  포기하지 않기
  원하는 것을 두 가지나 얻을 수 있는 마인드 넘버 9. 당신 사전에 '불가능'이란 단어는 없습니다. 욕심을 내서 원하는 것을 손에 넣으세요.

- ❁ 기분이 가라앉을 때

  장거리 외출로 기분전환
  기분파인 당신의 답답한 기분을 시원하게 풀어줄 수 있는 것은 장거리 드라이브나 자동차 여행입니다. 소중한 자신을 위로하는 시간을 가져 주세요.

  시끄럽게 떠들며 발산
  안 좋은 일이 있을 때는 친구들과 신나게 노래하거나 춤을 추며 떠들썩하게 보내세요.

  좋아하는 영화나 애니메이션으로 위안
  조금 독특한 가치관의 소유자이기 때문에 고민이 있거나 우울해질 때는 공감할 수 있는 영화나 애니메이션의 세계에 빠져보는 것도 좋아요. 당신의 참모습을 찾을 수 있을 거예요.

마인드 넘버 9 셀러브리티

오노 요코, 샬럿 케이트 폭스, 카메론 디아즈, 브리지트 바르도, 모건 프리먼, 짐 캐리, 웬트워스 밀러

지젤 번천 (Gisele Bundchen)
"멀티 활약으로 대성공"

지젤 번천은 세계 최고의 모델 0순위. 오랫동안 톱 모델로 군림하지만 34살에 은퇴를 선언합니다. 이유는 내면에서 들려오는 목소리에 따른 것이랍니다. 14살에 모델 일을 시작해 할리우드 배우인 레오나르도 디카프리오와 미남미녀 커플로 세상을 떠들썩하게 한 일은 유명하지요. 그녀는 하얀 피부에 금발을 가진 소녀 같은 마른 체형의 모델이 이상적이라던 패션쇼 런웨이 모델에 새로운 미의 기준을 가져온 주역입니다. 그때까지 모델이라면 늘씬한 키에 군살이 하나도 없는 마른 체형이 주류였지요. 하지만 지젤은 햇볕에 태운 건강한 몸으로 여성들의 동경 대상이 됩니다. 현재는 모국 브라질의 가난한 가정에서 태어난 소녀들을 서포트 하고 있습니다. 또한 지젤은 브라질 이미지를 살린 샌들을 프로듀스하기도 하며 H&M에서 샤넬까지 폭넓은 브랜드 이미지로 활약합니다. 결혼과 출산을 경험하고도 무대를 통해 변함없는 스타일을 선보이며 세상을 놀라게 하기도 했지요. 그녀의 삶은 우리에게 일과 가정, 두 마리 토끼 모두 놓치지 말라는 용기를 줍니다.

"멀티로 활약할 수 있는 슈퍼스타"

당신은 누구보다 많은 것을 가질 수 있는 사람. 포기와 인내라는 말은 어울리지 않아요.
모든 방법을 동원하여 꿈이 이뤄질 때까지 계속 도전하세요.

♂ 마인드 넘버 남성

다양한 분야에 도전해서 성공을 획득

그는 언제나 다양한 분야로 일을 확대해나가는 바쁜 사람입니다. 관심 있는 일은 집요하게 매달리기 때문에 자기도 모르는 사이에 반은 프로가 되어있을 정도로 재능이 많지요. 본업 외에도 다양한 일에 관여하거나 자영업자가 많은 것도 특징이지요. 못 하는 일이 없을 정도로 재주가 많은 사람이라 안정된 직업보다는 보람이나 만족도를 중요시합니다. 자신에 대한 자신감으로 가득 차 있고 늘 많은 일에 손을 대고 있어서 안정적으로 보이지 않을지도 몰라요. 그런 그가 걱정돼서 자꾸 충고하거나 그를 위해 애쓰다가 상처를 받을지도 모릅니다. 겉으로는 그렇게 보이지 않아도 자신을 따르는 여성에게 아무런 죄의식 없이 상처를 주기도 하거든요. 바람도 들키지 않게 피우는 능숙함이 있어서, 당신은 그와의 결혼을 마음먹고 있는데 갑자기 이별을 통보할 수도 있어요. 그의 자존심을 건드리지 않도록 말에는 항상 조심하세요. 마인드 넘버 9는 이혼율도 높은 편입니다. 그와 잘 되기 위해서는 그가 존경할 수 있을 만한 당신만의 특기와 매력을 발전시키세요

그와 결혼하려면? Keyword 결혼 후 그가 얻을 수 있는 장점 어필

그는 쉽게 이해할 수 없는 사고방식의 소유자입니다. 오래 사귀면 당연히 결혼한다는 구태의연한 사고와 맞지 않고, 오히려 만나자마자 프러포즈할 수 있는 사람입니다. 당신이 조종하려고 해도 잘 안 될 거예요. 별거 아닌 일로 트집을 잡지 말고 이때다 싶을 때 고삐를 죌 수 있는 대범함이 있다면 그는 당신을 떠나지 못합니다. 자립심이 강하고 자아가 확립된 여성을 좋아하거든요. 결혼 후 그에게 의지하고 싶어 하는 사람과는 맞지 않겠죠.

CHEMISTRY

케미스트리

그룹 케미스트리 시크릿

가족, 친구, 직장 동료 등 각각의 마인드 넘버를 모두 더한 숫자에 숨은 비밀

넘버 **1** DREAM MATE 대화를 나눌수록 황금 케미를 발산하는 관계

넘버 **2** MIRACLE MATE 기적을 만드는 관계

넘버 **3** GROWTH MATE 서로를 성장시키는 관계

넘버 **4** REACH MATE 사랑과 성공을 손에 넣을 수 있는 관계

넘버 **5** CHANCE MATE 기회를 만들어 내는 관계

넘버 **6** RESPECT MATE 존경하는 관계

넘버 **7** SOUL MATE 소울 메이트

넘버 **8** POWERFUL MATE 승승장구하는 관계

넘버 **9** PLUS MATE 두 가지를 손에 넣을 수 있는 관계

상대와 나의 케미스트리

마인드 넘버를 통해 가까운 사람들과의 케미스트리도 알 수 있습니다.

우선 상대의 마인드 넘버를 계산하세요. 그 마인드 넘버와 자신의 마인드 넘버를 더해서 나온 숫자가 커플 넘버가 되고, 그 숫자가 두 사람의 케미를 나타냅니다. 처음에는 반신반의하며 여러 연예인 셀럽 커플들을 감정해봤는데, 신기하게도 커플들의 관계성이 잘 드러났어요.

세계에서 가장 영향력 있는 커플 중 한 쌍으로 알려졌던 브래드 피트(Brad Pitt)와 안젤리나 졸리(Angelina Jolie), 그들의 말과 행동은 어디를 가나 주목받고 매스컴을 떠들썩하게 했습니다. 궁극에는 '브란젤리나'라는 애칭으로 불릴 정도로 많은 팬의 사랑을 받았습니다. 지금은 이별했지만, 두 사람의 케미를 알아볼까요?

4+5= 9 일거양득 콤비

브래드 피트는 마인드 넘버 4, 안젤리나 졸리는 마인드 넘버 5로 두 사람은 큰 성공을 손에 쥐는, 설명이 필요 없는 '킹과 퀸'의 케미입니다. 두 사람의 케미 넘버 9는 어떤 것이라도 두 가지를 손에 넣을 수 있는 '2'가 키워드인데, 두 사람의 첫 만남도 공동 주연을 맡은 영화였다는 것이 충분히 이해가 됩니다. 일과 파트너, 특히 브래드 피트는 안젤리나 졸리와 그녀의 아이들이라는 두 가지 존재를 얻을 수가 있었죠. 당시 브래드 피트는 결혼한 상태여서 불륜이라는 도덕적인 잣대로 세상의 따가운 시선을 받기도 했지만, 브래드 피트는 전 부인과의 사이에서는 생기지 않던 아이를 얻게 되면서 진정한 행복을 찾을 수 있었다고 합니다.

안젤리나 졸리 또한 첫 결혼의 파경을 맞은 후 양자인 매독스를 혼자서 키우고 있었는데, 브래드 피트를 만난 후에는 아이에 대한 욕심이 더 생긴 것 같습니다. 브래드 피트를 만나기 전에는 전혀 언급하지 않았던, 둘 사이의 아이를 가지면서 새로운 국면을 맞게 되니까요. 그녀 또한 브래드 피트라는 새로운 파트너로 인해 인생의 변화를 맞이하면서 더 많은 가능성이 열린 건 틀림없는 사실이라 할 수 있겠죠.

이처럼 서로의 마인드 넘버를 더해 두 사람의 케미와 관계성, 키워드 등을 찾아볼 수 있답니다. 또한, 그룹 케미도 맞춰 볼 수 있습니다.

그룹 케미스트리

90년대를 대표하는 보이즈 그룹이라면 역시 CD 총 판매량 1억 3000만 장을 넘어선 백스트리트 보이즈(Backstreet Boys)를 떠올리지 않을 수가 없습니다.

지금의 아이돌 스타 같은 닉 카터는 마인드 넘버 2로 천부적인 예술가 타입이며, 고음이 아름다운 하위 도로우는 마인드 넘버 5, 가장 나이가 많은 케빈 리처드슨은 마인드 넘버 4, 개성이 강한 에이 제이 맥린과 귀여운 얼굴의 브라이언 리트렐은 마인드 넘버 8. 이 그룹에도 역시 킹과 퀸이 존재하네요. 그룹 멤버 중에 킹과 퀸이 있거나, 킹과 퀸이 커플인 경우 성공은 따 놓은 당상이라 할 정도로 최강의 케미랍니다. 백스트리트 보이즈의 멤버 전원의 마인드 넘버를 더한 그룹 넘버는 9.

$$2+5+4+8+8+= 27 \quad 2+7= 9$$

그룹 넘버 9는 커플 넘버 9와 마찬가지로 두 가지를 손에 넣을 수 있는 케미입니다. 두 가지를 가질 수 있다는 의미는 일과 사생활 모두 성공할 수 있고, 두 나라를 왕래하거나, 두 채의 집을 소유하거나, 혹은 두 개의 회사를 만들게 된다는 의미입니다. 물론 기회를 잡기만 하면 두 개 이상으로 늘려가는 것도 가능하지요.

케빈 리처드슨과 브라이언 리트렐은 밴드의 일원이자 사촌지간이기도 합니다. 백스트리트 보이즈는 모국인 미국이 아니라 유럽에서 인기를 끌기 시작해 그 여파가 미국으로 퍼지며 미국 팝 시장을 휩쓸게 됩니다. 크게 성공한 후에는 각자 솔로와 그룹 활동을 양립하지요. 한때 케빈 리처드슨이 탈퇴를 했었지만, 6년 후 컴백해 다시 20년 이상의 장수 그룹으로 활동을 이어갔습니다. 케빈 리처드슨은 당시 아이돌로서는 특이하게 고교 시절 때부터 사귄 여자 친구와 결혼하고, 다른 멤버들 또한 유부남이 됩니다. 멤버 전원이 일과 가정 모두 완벽하게 손에 쥔 것이지요.

당신도 자주 만나는 친구들이나 프로젝트 멤버의 마인드 넘버를 찾아보세요. 좀처럼 일에 진척이 없고 트러블만 생긴다면 멤버의 넘버 속에 어떤 비책이 숨어있을지도 모르니까요.

마인드 넘버별 관계도

모델로 시작해 다른 나라의 퍼스트레이디 자리에까지 오른 퀸 카를라

슈퍼 모델 붐이 한창일 때 나오미 캠벨, 신디 크로포드와 나란히 어깨를 견주며 활약했던 카를라 브루니. 이탈리아 자산가의 가정에서 태어난 카를라 브루니는 당시 이탈리아에서 부잣집 자제를 노린 유괴사건이 활개를 치고 있어 안전을 위해 프랑스로 이주합니다. 그리고 부잣집 딸답게 스위스 기숙학교에 진학하지요. 그녀를 아끼던 카를 라거펠트는 다른 모델들이 알코올에 빠져 정신이 황폐해져도 카를라 브루니만은 평정심을 잃지 않고 항상 예의를 지켰다고 말합니다.

그녀의 연애 상대가 유명인뿐이라서 오로지 사랑으로만 사는 여성의 이미지가 강하지만, 사실 그녀는 자립을 위한 수단으로 모델 일을 시작했습니다. 부모님으로부터 아무 도움도 받지 않고 하루에도 수십 곳의 모델 사무실을 찾아다닌 끝에 드디어 기회를 잡게 됩니다. 그녀는 자신이 한 말은 반드시 책임을 지는 강한 정신의 소유자라고 할 수 있죠. 모델로 시작해 다른 나라의 퍼스트레이디 자리에까지 오른 그녀의 성공 이야기는 가십을 좋아하는 사람들 사이에서는 야심가라는 평이 날 정도랍니다. 자신을 아무 거리낌 없이 육식동물이라고 말하며 아무리 나이를 먹어도 사랑을 통해 아름다워지는 그녀를 보면서 당신은 무엇을 느끼시나요? 퀸 카를라 브루니 주위에는 자신과 같은 마인드 넘버 4와 그녀에게 필요한 마인드 넘버 5가 많이 등장합니다. 사르코지 전 프랑스 대통령과의 만남은 어떤 파티였습니다. 지인에게 남성을 소개해달라고 부탁하는 그녀 옆에 바로 사르코지가 있었던 겁니다. 예상치 못한 만남에 처음에는 놀라기도 했지만, 곧 의기투합하여 파티가 끝나갈 무렵에는 이미 그에게 빠져있었다고 합니다. 두 사람 다 본능이 이끄는 대로 살아가는 넘버 4이기 때문에 사랑은 바로 시작될 수 있었던 거죠.

그녀만큼 지명도와 인기가 있는 여성조차도 자존심을 세우지 않고 좋은 사람 소개해 달라고 부탁하는 모습에서 우리는 연애 뿐 아니라 비즈니스의 자세도 배워야 하지 않을까요? 마찬가지로 우디 앨런 감독과도 식사 자리에서 알게 된 인연으로 영화의 주연까지 맡기도 하지요. 이처럼 같은 넘버끼리는 파장이 같거나 손발이 척척 맞아 일을 빠르게 진행할 수 있으니 평소에도 자신과 같은 넘버를 의식하고 있으면 좋을 거예요. 카를라 브루니의 옛 연인 중에는 넘버 5 '킹'이 많습니다. 킹과 퀸은 한 쌍인 것처럼 서로 끌리는 조합이지요. 각자의 개성도 강하기 때문에 끈적끈적한 관계보다는 적당한 거리와 존경하는 마음으로 단단한 관계를 만들어갈 수 있어요.

마인드 넘버 1
장 자크 골드만

한국에서는 지명도가 낮지만 셀린 디옹에게도 곡을 줄 정도로 실력 있는 싱어송라이터입니다.

기회를 만들어내는 관계

마인드 넘버 2
언니 발레리아 브루니 테데스키

여배우로 활약하는 카를라의 언니는 그녀에게 좋은 자극을 주는 존재입니다. 때로는 프랑스에서 심한 비난을 받는 카를라에게 있어 마음 든든한 내 편이겠죠.

존경하는 관계

마인드 넘버 3
케빈 코스트너

당시 절대적인 인기가 있는 슈퍼모델의 스크린 데뷔는 굉장히 흔한 일이었습니다. 할리우드 스타인 그와의 교제로 영화계를 향한 야심도 키우면서 많은 것을 배웠겠죠.

소울 메이트

마인드 넘버 4
니콜라 사르코지

이혼하고 무기력하던 그 앞에 나타나 운명적으로 만난 두 사람. 첫 만남부터 의기투합하여 사르코지는 이혼한 지 약 3개월 만에 그녀와 재혼하게 됩니다.

승승장구하는 관계

마인드 넘버 9
뱅상 페레

스위스 출신으로 예술가가 되려고 했지만, 결국 배우가 된 그는 카트린 드뇌브가 자신의 공연 상대로 지명할 만큼 잘생긴 꽃미남입니다. 어학에도 능통하고 영화의 각본을 쓰고 연출하는 등 마인드 넘버 9 다운 다재다능한 재능을 발휘하지요. 그런 일류 남자야말로 기품 있는 마인드 넘버 4가 사랑에 빠지기 쉬운 상대랍니다.

성격은 다르지만 어려움을 극복해가면서 사랑과 성공을 획득하는 관계

마인드 넘버 카를라 브루니

마인드 넘버 5
믹 재거

팝스타인 롤링스톤즈의 믹 재거를 유혹해 파파라치에게 의도적으로 데이트 현장을 흘리거나, 헤어지고 나서도 자신의 앨범에서 믹 재거를 떠오르게 하는 노래를 불러 대중들의 궁금증을 유발하며 프랑스에서 화제가 되기도 했습니다.

일거양득 콤비

마인드 넘버 8
카를 라거펠트

독일 태생의 '샤넬' 수석디자이너인 카를 라거펠트와는 모델로 활약하던 시기부터 알고 지낸 오래된 관계입니다. 말과 행동이 수많은 스캔들을 불러일으켰던 카를라 브루니지만, 싱어송라이터로 변신한 후에도 보란 듯이 가수로도 성공한 그녀의 재능뿐만 아니라 예의 바르고 엘레강스한 태도를 카를 라거펠트는 높게 평가했습니다.

서로 힘을 주고 결실이 많은 관계

마인드 넘버 7
에릭 클랩튼

에릭 클랩튼이 자서전에서 믹 재거에게 자신의 연인인 카를라 브루니만은 건드리지 말아달라고 부탁했다는 에피소드를 공개합니다. 사랑에 오픈마인드인 그녀가 로맨티스트인 에릭 클랩튼에게는 몹시 애를 태우는 뮤즈였을 거예요.

기적을 만드는 관계

마인드 넘버 6
라파엘 앙토방

라파엘 앙토방은 프랑스의 철학자이자 저널리스트로 마인드 넘버 6다운 지식인입니다. 불륜으로 시작해서 라파엘 앙토방이 이혼한 후에도 결혼하지 않은 상태로 아들을 낳고 7년간 함께 살다가 갑자기 그에게 이별을 통보받지요. 마인드 넘버 6과 4는 사고방식과 스타일이 전혀 다르므로 많은 대화를 통해 천천히 다가가야 합니다.

대화를 나눌수록 황금 케미를 발산하는 관계

CHALLENGER
마인드 넘버 1 챌린저

마인드 넘버 1은 굉장히 활동적이며 꿈을 성취하는 사람이 많습니다. 다만, 좀처럼 자신의 진심을 말하지 못하고 다른 사람에게 기대지도 못합니다. 그런 넘버 1을 자연스럽게 서포트 해주는 사람이 마인드 넘버 6입니다. 곤란한 상황일 때 넘버 6에게 의지하면 해결책을 찾을 수 있을 거예요. 마인드 넘버 8은 다소 잔소리가 많아 성가시게 느낄 수도 있지만, 누구보다도 강한 당신 편이 되어준답니다.

관계도를 만들어보세요.
가까운 사람들의 마인드 넘버를 찾아 이름을 적어 보세요

1 Challenger 기적을 만드는 관계

2 Magician 서로를 성장시키는 관계

3 Teacher 사랑과 성공을 손에 넣을 수 있는 관계

4 Queen 기회를 만들어 내는 관계

9 Balancer 대화를 나눌수록 황금 케미를 발산하는 관계

CHALLENGER 챌린저

5 King 존경하는 관계

8 Fighter 두 가지를 손에 넣을 수 있는 관계

7 Lover 승승장구하는 관계

6 Messenger 소울 메이트

Chemistry

마인드 넘버 과 다른 마인드 넘버 와의 케미스트리

같은 넘버를 가진 사람끼리는 감각도 비슷해서 서로의 생각을 잘 읽을 수 있는 관계입니다. 일일이 신경 쓸 필요 없이 자연스러운 관계를 유지할 수 있어요. 넘버 1은 거짓말이나 속임수를 가장 싫어하므로 서로에게 숨김없이 솔직하게 대하면 좋을 거예요. 커플은 여행이 기운을 상승시켜줍니다. 함께 계획을 세워보면 어떨까요?

서로 존경하면서 배우는 관계로 함께 성장할 수 있습니다. 연애 면에서는 성급한 당신과 마이페이스인 상대의 성격이 다르긴 해도 서로 끌리겠지요. 넘버 2는 자신만의 독특한 세계가 있는 사람이에요. 그래서 자신의 페이스가 흐트러지는 걸 싫어합니다. 관계를 오래 이어가는 비결은 서로 존경하면서 양보하는 마음만 잊지 않으면 됩니다.

서로에게 좋은 자극이 되는 관계입니다. 연애 면에서 넘버 3은 겉으로 쿨하게 보여도 사실 순진한 면이 있어서 알면 알수록 진국인 사람이죠. 넘버 3이 소극적이고 다소 낯을 가리는 편이라 처음에는 무슨 생각을 하는지 모를 거예요. 시간을 들여 천천히 서로를 알아가면서 끈끈한 유대관계를 만들어 가면 좋겠죠.

최고의 케미! 최강의 조합입니다. 둘의 관계가 깊어지면 질수록 행복한 일도 많아질 거예요. 커플이라면 상대도 당신에게 자극을 받아 일도 더 잘 풀리게 됩니다요. 서로의 취미까지 공유할 수 있다면 놀라운 기적도 기대할 수 있어요. 비즈니스 파트너로서도 딱 맞는 궁합이니 동업을 해도 좋을 거예요.

둘 다 속박을 싫어한답니다. 기본적으로는 자유인이지만 왠지 상대에게는 신경이 쓰여 필요 이상으로 구속하거나 간섭을 할 수도 있어요. 상대의 반응이 늦어지면 집요하게 전화하거나 문자를 보내기도 할 거예요. 커플은 서로의 존재가 무거워지지 않도록 중심을 제대로 잡아야 합니다.

기본적으로 자기방어가 강한 넘버 6이지만, 당신에게는 마음을 오픈 할 거예요. 서로 마음이 통하기 쉬운 이심전심 커플입니다. 문득 전화하려고 생각하는 순간 전화가 걸려온다든지, 갑자기 두 사람이 똑같은 음식이 먹고 싶다든지 하는 식의 생각이 비슷하거나 같을 때가 많을 거예요. 당신 둘은 좋은 타이밍에 만날 수 있는 관계입니다.

연애 체질인 상대와 행동적인 당신과는 가치관이 너무 달라서 오히려 서로에게 자극이 되는 관계입니다. 연인이 되면 초스피드 결혼 가능성도 충분하지요. 단 주의해야 할 점이라면 쉽게 질리는 당신의 성격입니다. 한 번 달아오른 열이 식으면 다른 곳으로 시선을 돌리고 싶어지니까요. 매너리즘에 빠지지 않고 언제나 연애 초반과 같은 관계를 유지할 수 있도록 노력하세요.

닮은 것 같지만 절대 닮지 않은 사이. 비슷한 부분이 있지만 친해지면 친해질수록 의외의 부분에 놀라는 일이 많을 거예요. 하지만 다르다고 느끼는 부분도 서로의 개성으로 인정하고 존중해주면 어떨까요? 상대는 겉보기에는 온화해 보여도 자존심이 강해서 말싸움으로 발전하면 문제가 복잡해집니다. 커플이라면 싸움을 길게 끌지 않도록 하세요.

둘 다 잘 끓어오르고 쉽게 식는 냄비 같은 성격입니다. 상대는 시시각각으로 의견이 바뀌기도 할 거예요. 그런 상대에게 맞추다 보면 당신의 페이스가 무너지면서 스트레스만 쌓이게 될지도 모릅니다. 넓은 마음으로 끌어안아야 해요. 격렬한 사랑일수록 금방 식어버려 무대의 막도 빨리 내리는 법이죠. 적당한 썸은 감정을 달아오르게 하는 좋은 약이 되니 적절하게 사용해보세요.

MAGICIAN
마인드 넘버 2 매지션

마인드 넘버 2는 직감이 강한 예술가 타입이 많아요. 그런 당신을 이해하지 못하는 사람과 함께 있으면 당신다울 수 없고 스트레스만 쌓일 거예요. 하지만 같은 마인드 넘버 2끼리는 편안하게 지낼 수 있답니다. 어딘가 어설픈 당신을 그냥 두지 못하는 사람이 바로 마인드 넘버 5입니다. 항상 곁에서 당신을 지켜주고 싶다는 생각을 하거든요. 마인드 넘버 9는 당신처럼 직감대로 움직이는 타입이라 둘은 마음이 잘 통할 거예요.

관계도를 만들어보세요.
가까운 사람들의 마인드 넘버를 찾아 이름을 적어 보세요

1 Challenger 서로를 성장시키는 관계

2 Magician 사랑과 성공을 손에 넣을 수 있는 관계

3 Teacher 기회를 만들어 내는 관계

4 Queen 존경하는 관계

9 Balancer 기적을 만드는 관계

MAGICIAN 매지션

5 King 소울 메이트

8 Fighter 대화를 나눌수록 황금 케미를 발산하는 관계

7 Lover 두 가지를 손에 넣을 수 있는 관계

6 Messenger 승승장구하는 관계

마인드 넘버 와 다른 마인드 넘버  와의 케미스트리

일을 너무 좋아하는 일벌레 유형인 넘버 1과 마이페이스인 당신. 자기중심적인 상대의 행동으로 당신의 페이스가 무너질 수도 있지만, 당신이 상대에게 맞춰주면 좋은 관계를 유지할 수 있을 거예요. 커플일 경우 상대가 무슨 생각을 하는지 알 수 없어도 기본적으로 단순명쾌한 성격이니까 너무 깊게 생각하지 않는 편이 좋습니다.

서로 특별히 신경 쓸 일 없이, 자연스러운 관계를 만들어 가는 케미입니다. 취향도, 웃음코드도 비슷해서 이야기하다 보면 통하는 부분이 많을 거예요. 게다가 같이 있으면 돈도 모이는 조합입니다. 두 사람이 동업하면 상부상조하면서 성공과 행복을 모두 얻을 수 있지요. 커플은 자연스럽게 결혼까지 골인하기 쉬울 거예요.

전혀 다른 성격의 두 사람. 성격이 너무 다르다 보니 오히려 서로를 인정하고 존경해주면 강한 유대를 형성할 수 있습니다. 화가 나더라도 일방적으로 추궁하지 말고 대화를 통해 서로의 생각을 공유하고 방향을 잡으세요. 가르치는 듯한 말투로 충고하거나 다그치면 상대는 어깨가 축 처지고 기운이 빠져 의기소침해지겠죠? 커플이라면 평소에도 대화를 자주 하면서 서로에 대한 이해의 폭을 넓히는 현명함이 필요합니다.

넘버 4는 요리나 청소를 잘 하거나 집에서 지내는 걸 좋아하며 무엇보다 가족이 우선인 사람입니다. 당신도 남을 잘 돌보는 성격이라 둘 다 주위 사람들과의 균형에 신경 쓸 거예요. 커플이라면 상대에게 감사하는 마음을 자주 표현하세요. 기분 좋은 마음으로 지금보다 훨씬 더 잘해줄 거예요.

넘버 5는 일을 좋아하고 출세욕과 성공욕이 누구보다 강한 사람입니다. 당신은 그런 상대를 가장 잘 이해하는 사람이에요. 신기하게도 당신은 상대가 바라는 것을 잘 알고, 곁에 있으면 마음이 편해지는 든든한 존재입니다. 커플이라면 당신은 상대에게 행운의 인물이랍니다.

두 사람은 분위기를 살리는 무드 메이커. 하지만 상대에게 맞추기만 하다간 싸울 일이 생길 수도 있으니 각자의 페이스를 유지하면서 혼자만의 시간도 따로 마련해두어야 해요. 균형을 잘 맞추는 게 중요합니다. 커플은 평소에도 색다른 이벤트를 기획하거나 설레고 흥분되는 일을 만든다면 관계가 더 좋아질 겁니다.

전혀 다른 성격이라서 같이 있으면 오히려 재미난 경험을 할 수 있습니다. 다만, 생각이 다르다 보니 오해가 생기지 않도록 상대의 이야기를 끝까지 잘 들어주세요. 커플인 경우에는 기대고 싶은 마음을 감추면서 센 척하며 참아버리거나 고집을 부리면 평생 서로의 진정한 모습을 알 수 없을지도 몰라요. 서로에 대한 생각이나 느낀 점은 마음에 담아두지 말고 바로 전하세요.

당신에게는 도통 무슨 생각을 하는지 알 수 없는 넘버 8. 당연히 첫인상도 좋을 리가 없지요. 게다가 기분파인 상대에게 휘둘리는 일도 종종 있을 거예요. 감각적인 사람이라서 그날그날 말하는 게 달라져 당황스러울 수도 있어요. 커플은 바다와 같은 넓은 마음으로 상대를 이해해주세요.

둘 다 직관적으로 살아가는 사람들. 그래서 첫 만남부터 이야기가 잘 통하고, 웃음이 끊이지 않을 거예요. 두말할 필요 없이 두 사람은 인연이 깊어서 비즈니스 파트너로서도 좋은 상대이며 뜻이 잘 맞습니다. 동업해도 성공할 확률이 매우 높아요. 커플은 어려운 일이 닥쳐도 함께라면 두려울 게 없는 관계죠. 당신은 그에게 행운의 인물이거든요.

TEACHER
마인드 넘버 3 티처

마인드 넘버 3은 자기보다 주변을 먼저 생각하는 사람이라서 조금 독특한 성격의 마인드 넘버2가 괜히 신경이 쓰일 겁니다. 당신이 넘버 2를 서포트해주면 많은 기회를 만들어 낼 수 있어요. 게다가 당신이 곁에 있어 주면 성장하고 성공까지 거머쥘 수 있는 사람이 바로 마인드 넘버 4. 좋아하는 건 비슷하지만 성격이 달라서 당신에게는 좋은 자극이 될 거예요.

관계도를 만들어보세요.
가까운 사람들의 마인드 넘버를 찾아 이름을 적어 보세요

1 Challenger
사랑과 성공을
손에 넣을 수 있는 관계

2 Magician
기회를 만들어 내는 관계

3 Teacher
존경하는 관계

4 Queen
소울 메이트

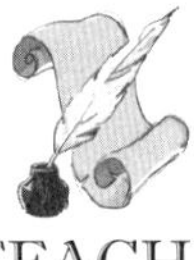

9 Balancer
서로를 성장시키는 관계

TEACHER
티처

5 King
승승장구하는 관계

8 Fighter
기적을 만드는 관계

7 Lover
대화를 나눌수록 황금 케미를
발산하는 관계

6 Messenger
두 가지를 손에
넣을 수 있는 관계

마인드 넘버 과 다른 마인드 넘버 와의 케미스트리

열정적인 넘버 1과 냉정한 당신은 상대가 없는 것을 가지고 있어서 좋은 자극을 줄 수 있는 관계입니다. 다만 두 사람의 성격이 많이 다르므로 우선 서로를 인정하는 게 중요하겠죠. 연애 관계에서는 상대가 너무 적극적으로 다가오면 당황한 당신이 한발 뒤로 물러날 수도 있어요. 하지만 넘버 1의 열정이 사랑의 불꽃을 타오르게 해줄 거랍니다.

둘 다 호기심이 왕성해서 여러 가지 일에 관심이 많아요. 충동적으로 행동하는 넘버 2와 차근차근 계획을 세워 일을 진행하는 꼼꼼한 성격의 당신. 무슨 비즈니스든 함께 하면 성공할 조합입니다. 커플이면 상대를 너무 자유롭게 해주면 도를 넘어설 수도 있으니 적당한 감시도 필요할 거예요.

이상하게도 첫 만남부터 같은 공기를 느끼면서 자연스럽게 마음을 터놓게 되는 너무 닮아 확 끌리는 관계입니다. 연애 면에서는 마인드 넘버 3이 사랑에 소극적이거나 둔감하므로 당신이 먼저 좋아한다는 사인을 보내는 편이 좋을 거예요. 수동적인 자세로 상대의 반응만 기다리다가는 연인이 되기까지 너무 오랜 시간이 걸린답니다.

무슨 일이든 최선을 다하다 보니 스트레스가 쌓이기 쉬운 당신에게 넘버 4는 항상 웃는 얼굴로 편안하게 해줍니다. 게다가 좋은 사람을 소개해주거나 필요한 정보를 주는 등 당신에게는 행운의 인물이지요. 커플일 경우 늘 자신을 가둔 채 방어벽을 치고 있는 당신일지라도 넘버 4 앞에서는 마음을 열고 응석을 부리기도 할 거예요.

에너지가 넘치고 언제나 최선을 다하는 넘버 5. 상냥하고 배려심 깊은 당신과는 서로 얻는 게 많을 거예요. 당신이 성공의 별을 가진 넘버 5를 밀어주면 크게 성공할 가능성도 있답니다. 커플이라면 상대에게 자신감을 심어주기 위해서라도 칭찬을 자주 해주세요.

두 사람 모두 책임감이 강해서 서로에게 약한 모습을 보이지 않습니다. 그러면서도 다른 사람이 기대오면 좋은 얼굴을 하고 받아주지요. 두 사람은 자신보다 주위를 먼저 생각하기 때문에 늘 일에 치여 산답니다. 같이 스트레스를 발산해 보세요. 커플일 경우 구체적인 결혼 계획을 세워두지 않으면 타이밍을 놓쳐버릴 수도 있다는 걸 기억해두세요.

인상이 좋고 누구에게나 좋은 얼굴을 하는 넘버 7. 체면을 중요하게 생각하는 사람이라 이성이나 좋아하는 사람 앞에서는 태도가 달라지기도 합니다. 그걸 보는 당신은 화가 날 수도 있겠죠. 하지만 그런 모습도 사랑스럽게 봐주세요. 커플은 당신이 질투할 일도 종종 생길 거예요. 그렇다고 짜증을 심하게 내면 당신에 대한 애정이 아예 식어버리니 적당히 해야 해요. 오히려 상대를 믿고 당신 마음을 컨트롤 해보세요.

자신만의 독특한 세계를 가진 넘버 8과 호기심이 왕성한 당신은 함께 있으면 기적을 만들어 냅니다. 서로 부족한 부분을 채우면서 새로운 자신을 발견할 수 있겠죠. 다소 의견이 다르더라도 상대의 생각을 인정하고 긍정적으로 받아들이세요. 커플이면 취미나 커플 코디를 같이 즐기면 관계가 더 좋아질 거예요.

포커페이스인 넘버 9는 당신을 고민에 빠뜨릴지도 몰라요. 상대가 무슨 생각을 하는지, 어떻게 생각할지, 생각이 너무 많다 보면 마음이 위축되고 결국 미궁에 빠져버립니다. 상대의 감정을 일일이 살피면서 만나지 말고 자주 연락을 하는 편이 좋아요. 커플은 되도록 상대의 이야기를 세심하게 들어주세요.

QUEEN
마인드 넘버 4 퀸

마인드 넘버 4는 돈과 인연이 깊은 사람. 자기 사업을 하는 사람도 많고 향상심이 높은 것이 특징입니다. 그런 마인드 넘버 4에게 더 많은 돈을 안겨주는 사람이 마인드 넘버 5입니다. 두 사람은 어떤 사업을 하든 크게 성공할 가능성이 크지요. 조금 자기중심적인 당신을 조용히 지켜봐 주는 사람은 마인드 넘버 3. 힘들거나 지쳤을 때는 머리를 비우고 마인드 넘버 3과 함께 시간을 보내면 마음이 편안해질 거예요.

관계도를 만들어보세요.
가까운 사람들의 마인드 넘버를 찾아 이름을 적어 보세요

1 Challenger
기회를 만들어 내는 관계

2 Magician
존경하는 관계

3 Teacher
소울 메이트

4 Queen
승승장구하는 관계

9 Balancer
사랑과 성공을 손에 넣을 수 있는 관계

QUEEN 퀸

5 King
두 가지를 손에 넣을 수 있는 관계

8 Fighter
서로를 성장시키는 관계

7 Lover
기적을 만드는 관계

6 Messenger
대화를 나눌수록 황금 케미를 발산하는 관계

마인드 넘버 와 다른 마인드 넘버 와의 케미스트리

일이든 취미든, 모든 면에서 활동적인 넘버 1과 공과 사 모두 완벽하게 잘하고 싶은 욕심쟁이 당신은 함께 꿈을 이야기하거나 결과를 공유하면 중요한 힌트나 자극을 받을 수 있어요. 커플이라면 마인드 넘버 1은 자존심이 강하니 가르치는 태도로 대하지 않도록 조심하세요. 아무리 바쁘더라도 함께 보내는 시간은 꼭 확보하세요.

뭐든 생각한 대로 하고 싶은 공주님 기질이 다분한 당신과 느긋한 마이페이스인 넘버 2. 도대체 움직임을 읽을 수 없어 불안해지기도 하겠지만, 상대에게 절대 악의는 없답니다. 단지 세상 편한 느긋한 성격일 뿐. 커플이라면 당신에게는 남자의 운을 상승시키는 기운이 있으니 상대를 잘 서포트하면 큰 성공도 기대할 수 있습니다.

조금 자기중심적인 당신과 온화한 넘버 3은 최고의 조합. 당신들은 아무리 어려운 장애가 있어도 극복할 수 있는 최강의 콤비랍니다. 두 사람은 만나는 순간부터 불꽃이 튀면서 연애가 시작될 거예요. 상대는 손수 만든 요리처럼 평범하고 흔한 방법에 약하니까 좋아하는 음식을 조사해서 그의 입맛과 애정을 꽉 잡으세요.

처음부터 의기투합하는 관계. 넘버 4는 패션이나 유행에 민감하고 보기에도 젊고 스타일리쉬한 사람이 많습니다. 커플이라면 좋은 엄마와 자식을 끔찍하게 사랑하는 아빠라는 매우 이상적인 조합이에요. 그림같은 완벽한 가정에 언제나 젊고 반짝반짝 빛나는 두 사람은 사람들이 부러워하는 커플이 될 게 분명하지요.

사교적이며 누구에게나 오픈 마인드인 당신과 좋고 싫음이 분명한 넘버 5. 상대의 제멋대로인 성격에 휘둘리다 피곤함을 느낄 때도 많을 거예요. 하지만 그 정도쯤은 용서가 될 만큼 매력적인 사람이지요. 커플이라면 두 사람은 공주님과 왕자님의 조합. 당신의 서포트가 그의 성공에도 큰 영향을 미칠 겁니다.

여왕인 당신에게 넘버 6은 당신의 방자함도 맞춰줄 사람. 연인이라면 데이트 횟수가 적어서 초조하거나 상대가 너무 일에만 몰두해서 외로움을 느낄 수도 있어요. 당신이 먼저 적극적으로 데이트 분위기를 만들어보세요. 수동적인 자세로는 사랑이 꽃을 피우는 데 너무 많은 시간이 걸리거든요.

꿈꾸는 듯 현실과 동떨어진 면이 있는 넘버 7. 당신은 그런 상대가 묘하게 매력적으로 느껴지면서 눈을 뗄 수가 없을 거예요. 연인이라면 로맨틱한 그는 당신을 공주님처럼 대해줄 겁니다. 단, 책임감이 없다는 부정적인 평가로 상처를 주면 의욕을 잃을 수도 있으니 적절하게 칭찬을 해주면서 당신의 손바닥 위에서 움직이게 하세요.

마인드 넘버 8은 강인하고 섬세한 사람이에요. 좋고 싫음이 분명해서 인간관계에는 다소 서툰 면이 있지만, 커뮤니케이션에 능숙한 당신이 서포트 해주면 좋은 기회도 잡을 수 있답니다. 커플이라면 성격이 예민한 상대를 포용하듯이 듬직하게 지켜주면 안심할 수 있겠죠.

함께 있으면 특별한 이유 없이도 기분이 좋아지는 관계. 취미와 일, 인생 모두를 즐기고 싶은 넘버 9와 재미있는 일을 좋아하는 당신. 성격이 조금 다르다 보니 위화감을 느낄지도 모르지만, 상대를 수용하면 당신도 성장할 수 있답니다. 커플이라면 결혼이 확실히 정해지기 전까지는 애가 탈 수도 있어요. 하지만 서두르지 말고 그의 든든한 조력자로 곁에 있어 주는 게 좋습니다.

KING
마인드 넘버 5 킹

마인드 넘버 5는 큰 성공과 돈에 인연이 많은 사람입니다. 부자와 결혼하거나 자기사업으로 성공하는 사람도 많고 인맥도 화려하지요. 그런 당신을 더 강한 행운 체질로 만들어 주는 사람이 마인드 넘버 4랍니다. 당신들은 함께 있기만 해도 꿈을 실현할 가능성이 높아집니다. 비즈니스 감각이 있는 당신에게 자극을 주는 사람은 마인드 넘버 2. 자유롭고 독특한 분위기의 마인드 넘버 2와는 같이 있기만 해도 마음이 편해질 거예요.

관계도를 만들어보세요.
가까운 사람들의 마인드 넘버를 찾아 이름을 적어 보세요

1 Challenger
존경하는 관계

2 Magician
소울 메이트

3 Teacher
승승장구하는 관계

4 Queen
두 가지를 손에 넣을 수 있는 관계

9 Balancer
기회를 만들어 내는 관계

KING
킹

5 King
대화를 나눌수록 황금 케미를 발산하는 관계

8 Fighter
사랑과 성공을 손에 넣을 수 있는 관계

7 Lover
서로를 성장시키는 관계

6 Messenger
기적을 만드는 관계

마인드 넘버 와 다른 마인드 넘버  와의 케미스트리

당신은 목표를 달성할 때까지 포기하지 않는 신념이 강한 사람이에요. 그런 당신과 똑같이 승부욕이 강한 도전자 넘버 1. 두 사람 모두 확실한 자기만의 세계가 있어서 의견이 다를 경우 충돌은 피할 수 없지만, 서로 이해하고 수용할 마음만 있다면 절차탁마하는 관계가 됩니다. 커플이라면 존경하는 마음이 관계를 지속하는 열쇠랍니다.

목표가 생기면 행동력이 강해지는 당신과 열정적인 아이디어맨으로 하고 싶은 게 많은 넘버 2. 두 사람은 큰일을 해낼 수 있는 관계랍니다. 표정이 해맑고 조금 유별난 넘버 2는 당신에게 좋은 힌트를 줄 거예요. 커플이라면 어떤 난관에 부딪혀도 극복할 수 있는 최고의 조합입니다.

당신은 희로애락이 확실한 사람이지만 상대는 감정을 별로 드러내지 않는 타입이죠. 상대의 본심을 알 수 없어 답답하기도 하지만, 우연한 기회에 넘버 3의 우직함과 성실함을 보게 되면서 친해질 겁니다. 상대는 무언가 가르치는 일을 좋아해요. 연애할 때에는 들어주는 역할을 맡아 상대의 이야기나 취미에 관한 질문을 해주면 관계가 돈독해질 거예요.

현실감과 자립심이 강하고 남자 못지않게 씩씩한 당신과 여성스러운 감성이 풍부한 넘버 4. 일을 대하는 자세나 취향이 비슷해서 이야기의 화제가 끊이지 않을 거예요. 커플은 힘들 때 서로 도움을 주고받으면서 같이 성장하고 꿈을 이룰 수 있는 케미입니다.

서로 같은 넘버끼리는 친근한 느낌으로 함께 할 수 있지만, 둘 다 양보를 못 하는 성격이라 싸우면 걷잡을 수 없이 격해집니다. 하지만 서로 존중하는 관계가 될 수 있다면 비즈니스에서 좋은 기회를 부르는 조합이지요. 커플은 두 사람 모두 개성과 주장이 강해서 한쪽이 양보하지 않으면 결국 헤어지게 됩니다. 서로를 배려하고 상대방의 마음을 존중하세요.

당신은 비지니스 감각에 뛰어난 사람이에요. 넘버 6은 연구심이 강한 학자 타입이죠. 처세에 능한 당신에게는 인간관계에 서툰 상대가 답답하기도 하면서 한편 새로운 느낌도 들 거예요. 두 사람의 가치관은 다르지만, 서로에게 도움이 되는 사고방식을 가지고 있습니다. 커플은 상대에 대해 알면 알수록 정도 깊어질 거예요.

당신은 연애에 영 서투른 타입인 데 반해 상대는 사랑조차 사랑하는 천부적인 연애 체질이에요. 넘버 7이 줄곧 자신의 연애담만 늘어놓는다면 조금 짜증이 날 수도 있겠죠. 커플이라면 당신은 연애보다 일을 중요하게 생각하는 사람이라 그게 원인이 되어 상대가 외로움을 느끼기 시작하면, 둘의 관계에 금이 가는 것은 시간문제입니다. 당신이 상대에게 두는 관심의 무게가 중요하겠죠.

당신은 이론보다는 사실을 탐색하고, 실패해도 한번 마음먹은 일은 끝까지 해내는 타입이죠. 반면 넘버 8은 당신과는 정반대로 천천히 생각한 후에 행동하는 타입이에요. 성향이 이렇게 다르다 보니 옆에서 보고 있으면 조금 답답할 때도 있을 거예요. 그렇더라도 상대의 페이스를 지켜주고 개성과 의견을 존중해주세요. 커플은 당신의 일을 지나치게 걱정하는 상대의 충고를 한 귀로 듣고 한 귀로 흘려버리는 여유가 필요할 거예요.

성격이 급한 당신과 제멋대로인 넘버 9와는 속도감이 있어 일의 진척이 상당히 빠릅니다. 넘버 9는 세상 물정에 밝은 것처럼 보여도 사실은 엉뚱하고 허당끼가 있답니다. 서로 그런 면을 잘 이해해주면 좋을 거예요. 첫눈에 반하면 브레이크가 없어 연애도 바로 시작됩니다. 두 사람에게 교제 기간은 별로 중요하지 않으며, 결혼을 결정하는 우선순위는 편안함이랍니다.

MESSENGER
마인드 넘버 6 메신저

마인드 넘버 6은 호기심이 왕성하고 커뮤니케이션 능력이 뛰어나서 다양한 분야의 지인이 많을 거예요. 그런 당신을 가장 신경 쓰게 만드는 넘버는 고집이 센 마인드 넘버 1. 젖 먹던 힘까지 다해 자신의 꿈을 이루기 위해 노력하는 모습이 위태위태해 보이기도 하고, 예측 불가능해서 왠지 마음이 쓰이죠. 마인드 넘버 5도 자신의 꿈을 이루기 위해서는 어떤 노력도 마다하지 않는 타입. 그런 모습에 감동하여 응원하고 싶어질 거예요.

관계도를 만들어보세요.
가까운 사람들의 마인드 넘버를 찾아 이름을 적어 보세요

1 Challenger
소울 메이트

2 Magician
승승장구하는 관계

3 Teacher
두 가지를 손에 넣을 수 있는 관계

4 Queen
대화를 나눌수록 황금 케미를 발산하는 관계

9 Balancer
존경하는 관계

MESSENGER
메신저

8 Fighter
기회를 만들어 내는 관계

7 Lover
사랑과 성공을 손에 넣을 수 있는 관계

6 Messenger
서로를 성장시키는 관계

5 King
기적을 만드는 관계

Chemistry

마인드 넘버 과 다른 마인드 넘버 와의 케미스트리

머릿속에서 생각한 것을 전부 쏟아내는 넘버 1과 천천히 생각하지 않으면 자신의 의견을 잘 표현하지 못하는 조심스러운 성격의 당신. 둘의 공통점은 신뢰하는 사람에게만 본심을 보여준다는 것이죠. 만약 상대가 당신에게 무언가를 의논한다면 마음을 열었다는 사인입니다. 커플은 묘한 인연이 있는 관계. 우연히 거리에서 재회한다거나, 알고 보니 공통의 지인도 많을 거예요.

당신은 지식과 경험을 통해 인생이 풍요로워지는 사람인 반면, 상대는 직관으로 번뜩이는 타입입니다. 과정은 달라도 신기하게 감각이 닮다 보니 마음을 터놓기 쉬울 거예요. 커플이라면 두 사람 모두 마이페이스에 개인주의가 강해서 긴장을 늦추지 않고 언제까지나 연애하는 기분으로 사귈 수 있어요. 목표나 장래에 관한 대화를 나누면 둘의 관계는 더 돈독해질 거예요.

자신이 먼저 나서는 것을 꺼리는 당신은 똑같이 소극적인 넘버 3에게 어딘가 닮았다는 느낌을 받습니다. 무언가에 관심이 생기면 시간이 들더라도 책을 찾아보는 등 연구하기를 좋아하는 두 사람은 이야기로 밤이 새는 줄 모를 거예요. 연애는 양쪽 다 행동이 느려서 어느 정도 진전하기까지는 많은 시간이 걸리지요. 그나마 다행인 건 만나면 만날수록 신뢰 관계가 깊어진다는 점입니다.

성격도 다르고 생각이나 느끼는 것도 달라 오히려 같이 있으면 새로운 경험을 많이 할 수 있습니다. 단 넘버 4는 조금 제멋대로라서 상대한테 휘둘려 피곤해질 수 있다 보니 계속 붙어 있기는 힘들지도 모릅니다. 연애 상대라면 상대의 기를 살려주수록 좋으니 무조건 잘 한다고 칭찬해주세요. 한 가지 조심할 점은 만일 상대가 잘못했더라도 무시하거나 억눌러서는 안 됩니다.

당신의 세계를 넓힐 수 있는 관계. 지식은 충분한데 쉽게 행동하지 못하는 당신에게 늘 자신만만한 넘버 5는 눈부신 존재죠. 넘버 5는 다소 자기중심적인 부분이 있지만, 그 부분이 당신에게 없는 강인함이므로 공부가 될 거예요. 커플은 서로 부족한 부분을 채울 수 있는 궁합입니다.

두 사람 모두 가슴에 열정이 가득하고 자기만의 세계가 뚜렷한 사람들입니다. 좋아하는 것이나 자란 환경이 비슷해서 공통점도 많을 거예요. 대화가 많아질수록 마음을 열기 쉬운 사이가 되겠지요. 연애는 둘 다 신중해서 결혼이나 임신처럼 중요한 단계까지는 시간이 좀 걸릴지도 모릅니다.

넘버 7은 늘 사랑하고 있거나 마음이 가는 대로 행동하는 사람이에요. 때로는 부럽다는 생각이 들기도 하겠지요. 하지만 상대의 흉내를 내면서 당신답지 못한 행동을 하면 분명 후회하게 됩니다. 커플은 현실적인 당신과 꿈을 꾸는 상대와의 조합. 현실성이 없는 소리만 늘어놓는 넘버 7에게 가끔 짜증이 나기도 할 거예요.

둘 다 성실한 성격으로 강한 신뢰 관계를 만들 수 있어요. 넘버 8은 자기 생각에 절대적인 자신감이 있다 보니 당신에게 지시하려 들지도 모릅니다. 그러한 상황이 반복되다 보면 상대가 지겨워지기도 하겠죠. 그러기 전에, 적당한 거리를 유지하면서 서로를 존중하도록 하세요. 커플일 경우는 싸움이 되기 전에 먼저 둘 사이의 규칙을 정하세요. 무엇보다 마음이 편한 관계를 만드는 게 중요합니다.

무슨 일이든 한 가지 일에 몰두하여 성실하게 최선을 다하고 싶은 당신과 한 번에 여러 가지 일에 손을 대는 넘버 9. 서로 상대의 방법이 서툴다고 생각할지도 모릅니다. 생각이나 수용방법이 다른 만큼 대화를 통해서 상대를 이해하려고 노력하세요. 서로에게 잔소리가 지나치면 분위기가 냉랭해질지도 모르니 조심하는 게 좋겠죠. 커플은 자주 연락을 하도록 하세요.

LOVER
마인드 넘버 7 러버

마인드 넘버 7은 최고의 로맨티시스트로 누구에게나 친절한 사람입니다. 그런 당신과 인연이 깊은 사람은 마인드 넘버 9. 하지만 넘버 9는 생각이 많고 수수께끼처럼 알 수 없는 인물이라 당신에게는 가장 다루기 힘든 넘버일 거예요. 그래도 이야기를 나누면 나눌수록 마인드 넘버 9의 포로가 될지도 모릅니다. 함께 있을 때 편한 사람은 공통점이 많아 즐거운 대화가 끊이지 않는 마인드 넘버 1. 같이 있어도 전혀 신경 쓰이지 않는 사람은 대범한 성격의 마인드 넘버 4입니다.

관계도를 만들어보세요.
가까운 사람들의 마인드 넘버를 찾아 이름을 적어 보세요

1 Challenger
승승장구하는 관계

2 Magician
두 가지를 손에 넣을 수 있는 관계

3 Teacher
대화를 나눌수록 황금 케미를 발산하는 관계

4 Queen
기적을 만드는 관계

9 Balancer
무슨 생각을 하는지는 잘 모르지만, 소울 메이트

LOVER
러버

5 King
서로를 성장시키는 관계

8 Fighter
존경하는 관계

7 Lover
기회를 만들어 내는 관계

6 Messenger
사랑과 성공을 손에 넣을 수 있는 관계

Chemistry

마인드 넘버 과 다른 마인드 넘버  와의 케미스트리

넘버 1은 향상심이 강해서 꿈을 이룰 때까지 돌진하는 파워풀한 사람이라 그 강한 아우라에 압도될 수도 있어요. 하지만 넘버 1은 당신을 지켜주는 상대랍니다. 곤경에 처했을 때 SOS를 요청해보세요. 커플이라면 넘버 1이 조금 제멋대로이긴 해도 당신이 상대의 꿈을 응원해주면 멋진 기회를 잡을 수 있어요.

유행에 민감하고 핫 플레이스를 찾아다니는 등 즐거운 일을 좋아하는 넘버 2. 상식과 이야깃거리가 풍부해서 한번 이야기를 시작하면 멈추지 않는답니다. 두 사람 모두 능력은 있는데 가끔 엉뚱한 실수를 하곤 하지요. 하지만 그런 실수조차도 해프닝으로 웃어넘기면서 즐거운 추억으로 남기는 호탕함이 있답니다. 커플은 함께 있으면 새로운 친구가 늘어나는 등 서로의 세계가 더욱 넓어질 거예요.

사랑에 서투른데다 엄격하기까지 한 넘버 3을 당신은 그냥 두지 못합니다. 당신은 사람의 마음을 끌어당기는 매력을 타고난 사람이에요. 마인드 넘버 3에게 필요한 사람을 소개해 주는 등 먼저 도움을 주는 사람이 되어 보세요. 커플이라면 수줍음이 많은 넘버 3을 여기저기 데리고 다니면서 새로운 세계로 이끌어 주세요.

연인으로 인해 인생이 바뀔 수도 있는 두 사람. 어떤 사람을 만나느냐에 따라 금전운과 일운이 크게 변합니다. 친구 사이라면 서로에게 감시관이 되어 나쁜 사람을 만나고 있는 건 아닌지 체크해주세요. 커플은 둘 다 외로움을 많이 타다 보니 자주 연락하고 싶을 거예요. 오래 사귄 사이더라도 계속 긴장감을 유지하는 게 원만하게 지낼 수 있는 비결이랍니다.

넘버 5는 주위를 이끄는 리더의 자질이 있고, 당신은 즐거운 장소를 좋아하는 분위기 메이커. 두 사람은 특별한 이벤트에 참가하는 등 즐거운 추억을 많이 만들 수 있을 거예요. 커플이면 비즈니스 관계의 미팅만 중요하게 생각하는 상대에게 불만을 가질 수도 있지만, 넘버 5는 조용히 따라주기를 바라는 사람이 많으니 상대의 상황을 이해하고 존중해주세요.

당신은 다른 사람에게 기댈 줄 아는 사랑스러운 캐릭터. 어떤 상황에서도 자신의 힘으로 인생을 개척하기는 넘버 6의 고집스러움이 쓸데없다는 생각이 들기도 하겠죠. 하지만 넘버 6은 온화해 보여도 완고한 성격을 가진 사람으로 자기만의 삶의 방식이 있습니다. 상대를 바꾸려 하지 말고 조용히 지켜보세요. 커플은 상대의 단점까지 받아들이게 되면 진정한 사랑이라고 할 수 있겠지요.

같은 마인드 넘버끼리는 서먹하거나 불편하지 않고 느낌이 통한답니다. 단 당신들은 자신이 일인자가 되고 싶은 바람이 있어서 상대가 눈에 거슬리는 존재로 보이기도 할 거예요. 당신은 다른 사람과 비교하거나 주위의 시선을 신경 쓰면서 시들어져 버립니다. 어떤 것에도 구애받지 말고 자신감 있게 밀고 나가세요. 커플은 기념일이나 생일을 특별하게 보내면 언제까지나 첫 만남처럼 신선한 기분을 유지할 수 있을 거예요.

넘버 8은 당신에게 좋은 힌트나 충고를 해주는 사람입니다. 때로는 허를 찌르는 충고가 비수처럼 꽂힐 수도 있어요. 하지만 오픈 마인드로 받아들이고 즐겨야 당신이 성장할 수 있습니다. 연애는 성격이 전혀 다른 상대와 같이 있다 보면 숨이 막힐지도 모르지만, 두 사람은 재미있는 화학반응을 일으키는 관계랍니다.

첫인상은 나쁘지 않다는 정도이지만, 대화는 흐름이 자주 끊기면서 분위기가 어색해질지도 몰라요. 하지만 조금만 참고 대화를 이어가면 재미있는 일이 많이 생기는 관계입니다. 어떤 '차이'로 인해 느낀 위화감이 서로에게는 중요한 메시지가 된답니다. 커플은 만나면 만날수록 호감이 더 생길 거예요. 본심을 이야기하면 신뢰 관계를 구축할 수 있습니다.

FIGHTER
마인드 넘버 8 파이터

마인드 넘버 8은 좋고 싫음이 명확하고 다소 예민한 편이며 완고한 면도 있습니다. 그런 당신을 부드럽게 만드는 사람이 느긋하고 너그러운 마인드 넘버 3입니다. 당신은 연구 의욕이 강해서 지적 자극을 받고 배울 게 많은 사람을 선호하는 경향이 있어요. 마인드 넘버 3이 그런 당신의 지적 호기심을 자극하는 좋은 파트너지요. 또 마인드 넘버 1은 나만의 스타일이 확고한 당신을 인정해 주는 사람입니다. 둘 다 일을 좋아하니 필요한 정보를 교환하면 서로에게 도움이 되는 긍정적인 관계가 될 거예요.

관계도를 만들어보세요.
가까운 사람들의 마인드 넘버를 찾아 이름을 적어 보세요

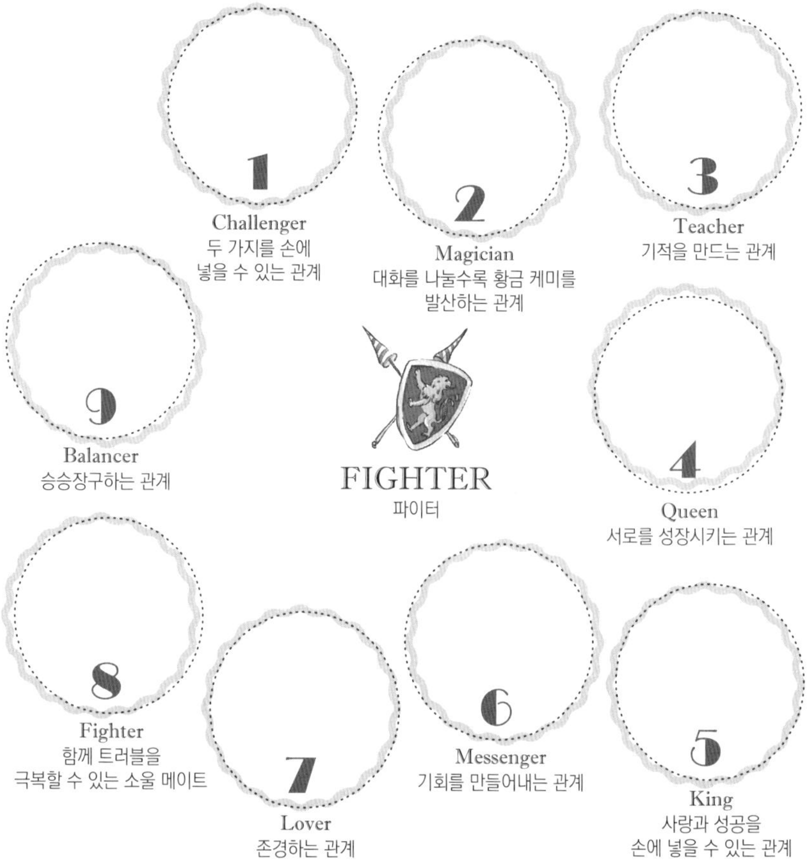

1 Challenger
두 가지를 손에 넣을 수 있는 관계

2 Magician
대화를 나눌수록 황금 케미를 발산하는 관계

3 Teacher
기적을 만드는 관계

9 Balancer
승승장구하는 관계

FIGHTER
파이터

4 Queen
서로를 성장시키는 관계

8 Fighter
함께 트러블을 극복할 수 있는 소울 메이트

7 Lover
존경하는 관계

6 Messenger
기회를 만들어내는 관계

5 King
사랑과 성공을 손에 넣을 수 있는 관계

마인드 넘버 과 다른 마인드 넘버  와의 케미스트리

무엇이든 분명하게 가리는 당신과 명랑 쾌활한 넘버1은 서로 친해지기까지 시간이 그리 오래 걸리지 않아요. 커플은 교제할 때나 결혼한 후에도 늘 좋은 친구처럼 지낼 수 있을 거예요. 다만, 둘 다 자기 고집을 버리지 않아서 교제가 길면 길수록 완고함도 함께 강해져 균열이 생길 수도 있습니다. 가끔은 자신의 고집이 무의미한 억지가 아닌지 차분히 생각해 보세요.

두 사람 모두 직감으로 움직이는 열정적인 사람입니다. 당신은 감이 뛰어나고 넘버 2는 즉흥적인 아이디어의 천재, 상대의 이야기를 듣고 설레거나 용기를 얻을 수 있는 관계랍니다. 둘 다 다양한 타입이라 무리하지 말고 만날 수 있을 때 만나는 게 좋아요. 커플의 경우 육체관계보다는 심리적인 유대관계를 더 바랄 거예요.

사소한 일에도 신경을 많이 쓰는 섬세한 당신은 급하고 거친 사람과는 맞지 않아요. 그러다보니 넘버 3과 같이 조심스럽고 향학심이 강한 타입과 이야기가 잘 통합니다. 당신도 호기심이 왕성해서 박학다식한 넘버 3과 만날 때마다 지적 자극을 주고받게 될 거예요. 커플일 경우 둘 다 성실하고 거짓이나 위선을 싫어해서 서로에게 최선을 다할 거예요.

궁금한 게 생기면 끝까지 찾아보고 연구하는 적극적인 당신, 독신 생활도 두렵지 않죠? 넘버 4도 당신처럼 뭐든 혼자서 잘 해내는 사람으로 대화를 하다 보면 묘한 자극을 느끼기 때문에 지루한 순간이 없답니다. 두 사람이 함께 사업을 한다면 성공률도 높아요. 연애는 당신은 사소한 일에 연연하지 않지만, 상대는 섬세하고 여성적인 면이 있어 서로 도움을 주고받는 좋은 관계랍니다.

둘 다 자아와 개성이 강해서 의견 충돌도 있고 감정의 오해가 생길 때도 있을 거예요. 하지만 의견이 다른 상대를 부정하기보다는 서로를 존중하며 차이점을 배우면 좋겠죠. 커플은 상대의 가족이나 친구들과 함께 있을 때 싫은 내색을 보이면 관계가 더 깊어질 수 없습니다. 상대 가족과 친구의 험담보다는 칭찬을, 비난보다는 따뜻한 격려의 말을 자주 해주세요.

당신은 자신이 옳다고 판단한 일은 끝까지 밀고 나가는 사람이에요. 넘버 6은 타인을 배려하는 성격이라 어떤 상황에서도 좋은 얼굴을 하지요. 당신은 그런 상대를 있는 그대로 인정해주고 이해해줘야 합니다. 연애 관계라면 싫다는 말을 쉽게 못하는 상대가 때론 답답할지도 모르지만, 상대를 통제하려거나 잔소리를 늘어놓으면 서로에게 고민만 안겨줄 뿐이니 당신이 조금만 더 배려해주세요.

넘버 7은 천성이 연애 체질로 연애담을 아주 좋아하지요. 당신은 줄곧 연애 이야기만 하는 상대가 귀찮다는 생각이 들기도 할 거예요. 상대의 소소한 이야기를 들어줄 마음의 여유가 있을 때 만나는 정도가 좋을 것 같아요. 커플이라면 일에만 푹 빠져있는 당신이 연애와 가정을 중시하는 넘버 7에게는 다소 미덥지 못할 수도 있습니다. 믿음을 주지 못한다는 생각이 들때는 두 사람의 관계를 당신이 리드하는 것이 좋습니다.

아무 말 하지 않아도 서로를 이해할 수 있는 사이. 다만 두 사람 모두 학자처럼 고지식한 면이 있어서 한번 고민에 빠지면 쉽게 부정적인 생각에서 벗어나기 힘들어요. 그러니 어두운 이야기는 접어두고, 즐겁고 유쾌한 이야기로 분위기를 밝게 하면 좋겠죠. 커플의 경우에는 둘 다 자기 세계가 강하다 보니 눈에 거슬리는 행동을 받아들이지 못해 위태로운 상황에 놓일 수도 있습니다. 감정이 폭발하지 않도록 하고 싶은 말은 너무 오래 담아두지 마세요.

혼자 있어야만 제대로 휴식을 취할 수 있는 당신과 자신의 세계를 소중히 생각하는 넘버 9. 공통된 취미나 관심사가 없으면 같이 있는 것보다 혼자 있는 게 더 편하다고 생각할 수도 있습니다. 또한, 단순한 친목 모임보다도 뚜렷한 목적이 있는 모임이나 이벤트에 참가하는 편이 좋아요. 커플은 함께 즐길 수 있는 취미를 갖는다면 최고의 궁합이 될 거예요.

BALANCER
마인드 넘버 9 밸런서

마인드 넘버 9는 혼자만의 사색을 좋아하는 사람입니다. 어떻게 하면 더 좋은 결과가 나올지, 어떤 환경이 더 필요한지, 더 나답게 살기 위해 늘 탐구하고 고민하고 있지 않나요? 당신은 직선적으로 이야기하는 데 서툴고 지나치게 주변 반응을 살피면서 너무 많은 생각을 합니다. 그래서 마음고생도 많이 하죠. 대담한 성격을 가진 마인드 넘버 1, 5, 8은 당신에게 좋은 자극이 되고 함께 있으면 웃음이 끊이지 않는 즐거운 관계입니다. 지식이 많고 네트워크가 넓은 마인드 넘버 3과 6은 함께 있으면 새로운 친구가 생기면서 평소와 다른 시각을 얻을 수 있을 거예요.

관계도를 만들어보세요.
가까운 사람들의 마인드 넘버를 찾아 이름을 적어 보세요

1 Challenger — 대화를 나눌수록 황금 케미를 발산하는 관계

2 Magician — 기적을 만드는 관계

3 Teacher — 서로를 성장시키는 관계

4 Queen — 사랑과 성공을 손에 넣을 수 있는 관계

BALANCER 밸런서

9 Balancer — 두 가지를 손에 넣을 수 있는 관계

5 King — 기회를 만들어 내는 관계

8 Fighter — 승승장구하는 관계

7 Lover — 걱정은 되지만 소울 메이트

6 Messenger — 존경하는 관계

마인드 넘버 와 다른 마인드 넘버 와의 케미스트리

 깊이 생각하고 차분히 판단하는 당신과 생각보다 행동이 앞서는 정반대 타입의 넘버 1. 상대에 대한 이해가 부족해서 오해가 생기기도 하지만, 대화로 잘 풀어 가면 조금씩 가까워질 수 있습니다. 오히려 서로에게 부족한 부분을 채워주는 좋은 관계지요. 연애를 하게 되면 상대를 통해 새롭고 다양한 사고방식을 배울 수 있을 거예요.

 아이처럼 천진난만한 넘버 2와 순진무구한 당신. 함께 있으면 기분이 좋아지는 건 자연스럽고 당연한 일입니다. 당신은 자기다움을 소중히 생각하는 상대와 같이 있기만 해도 힘이 나고 마음이 편해집니다. 커플일 경우 상대는 사회의 상식이나 이성이 아닌 자신의 감각으로 살아가는 사람이라는 걸 이해하고, 세상의 논리로 추궁하지 마세요. 상대의 자존심을 다치게 하면서 상처를 줄 뿐입니다.

 아무 말 하지 않아도 서로의 마음을 알아채는 찰떡궁합. 책임감이 강한 당신과 침착한 분위기의 넘버 3. 당신은 섬세하고 스트레스받기 쉬운 사람이라 객관적이고 냉정하게 대처하는 상대의 존재가 큰 버팀목이 될 거예요. 연애 상대일 경우 넘버 3은 다소 고지식한 면이 있고, 당신도 쉽게 상대의 본심을 눈치채지 못하는 둔한 타입이라 사랑을 시작하려면 확실한 신호탄이 필요합니다.

 다른 사람 일까지 신경을 많이 쓰는 당신은 어느 날 갑자기 지친다는 생각이 들지도 모릅니다. 그런 당신에게 섬세함과 호쾌함을 가진 넘버 4는 호랑이 등에 날개를 단 것과 같은 존재. 혼자서만 고민하지 말고 살짝 기대보세요. 연애에서는 서로 끌리기는 해도 어설프게 썸을 타면 멀리 돌아갈 수 있어요. 솔직한 태도와 정직함이야말로 관계를 진전시키는 가장 빠른 방법이라는 걸 기억하세요.

 카리스마 넘치는 넘버 5는 남을 배려하고 돌보는 리더 타입. 어떤 일도 대충 하지 않는 당신의 모습은 호감도를 높이고 상대가 한 수 위로 인정할 거예요. 하지만 자존심이 강한 상대에게 서툴게 자기주장을 펼치면 최악의 사태가 발생할지도 모릅니다. 의견을 제시할 때는 상대방 체면이 상하지 않도록 전달방법에도 신경을 쓰세요. 커플의 경우는 상대를 용서하지 못할 일이 생길 수도 있어요. 가치관의 차이를 어떻게 극복할지가 관건입니다.

 두 사람은 무슨 일이든 시간을 들여 천천히 만들어가는 타입. 친해지기까지는 다소 시간이 걸릴지도 몰라요. 하지만 한번 서로를 이해하게 되면 자매나 가족처럼 친해질 수 있지요. 연애에 소극적인 넘버 6과 마이페이스인 당신이라서 어떤 특별한 계기가 생기지 않으면 교제나 결혼으로 발전하기 어려워요. 그럴 때는 친구의 도움을 받아보는 것도 좋을 거예요.

 연애와 인연이 먼 당신과 타고난 연애 체질인 넘버 7. 일이나 취미 등 공통점이 없다면, 사는 세계가 달라서 만나기 어려운 두 사람입니다. 말이 통하지 않는 일도 많을 거예요. 하지만 만남이 깊어지면 의외의 면을 알게 되면서 친해질 수 있어요. 커플의 경우에는 넘버 7이 수수께끼 같은 당신을 속박하거나 질투할지 모르지만 귀여운 애정표현이라 생각하세요.

 함께 있으면 대담한 행동을 서슴지 않고 할 수 있는 관계. 한 발 더 내디딜 용기를 내지 못하는 장면에서도 둘이 함께라면 긍정적인 판단을 할 수 있어요. 커플의 경우에는 성향이 비슷해서 자극은 적지만 안락함을 느낄 거예요. 연애의 설렘이 사라지지 않도록 스킨십을 자주 하세요. 둘 다 사람들의 말과 행동에 상처받기 쉬운 타입이라 함께 있으면 위로받고 서로의 버팀목이 되어주는 관계가 될 거예요.

 서로 양보하고 배려하는 마음이 없다면 자주 부딪히게 됩니다. 하지만 가족 같은 사이라 하고 싶은 말을 다 해도 뒤끝이 남지 않아요. 커플이라면 친한 사이일수록 예의를 지키라는 말만 명심한다면, 오래도록 좋은 관계를 유지할 수 있답니다. 고맙다는 인사와 칭찬, 웃음으로 애정운을 높일 수 있습니다!

Fortune Cycle
포춘사이클

포춘 사이클이란

포춘 사이클의 한 주기는 24년으로 이루어져 있고, 다시 24년의 한 주기는 크게 7개의 구간으로 구분하며 매년 다른 테마 구간이 있습니다. 사이클의 첫 지점인 씨 뿌리기 존의 '개척기'를 시작으로 운명 존의 '전진기'까지가 24년의 사이클입니다.

많은 분의 운세를 들여다본 결과 자신의 포춘 사이클대로 사는 사람은 행운체질인 사람이 많았고 놀랍게도 꿈을 이룬 많은 사람은 자신의 인생 사이클대로 흘러가고 있었습니다. 반면에 흐름과 멀어진 사람은 타인에게 의존하거나 가족들에게 휘둘리고, 게다가 너무 일이 바빠 좋은 기회와 혼기를 놓친 사람이 많았습니다. 인생이란 스스로 개척하는 것입니다. 그러니 인생의 고삐를 틀어쥐고 자기 인생의 주인이 되어 주도적으로 살아가기 위한 의지가 중요합니다.

포춘 사이클의 장점은 현재 본인의 운세 흐름을 파악할 수 있다는 점입니다. 좋은 기회를 놓쳐버렸다고 후회하는 사람도 자신의 사이클을 파악한다면, 인생의 궤도수정을 할 수 있습니다. 나이와 시기에 상관없이 다시 시작할 수 있으며 실제로 이 사이클을 알고 주기별 테마를 명확하게 인지한 후 결혼, 임신, 독립, 사업을 시작한 분이 많습니다. 목표가 명확해지면 해야 할 일도 분명해지기 때문입니다.

포춘 사이클은 24년마다 반복됩니다.
포춘 사이클의 한 주기는 24년이므로 해를 거듭하면서 24년 전과 같은 테마가 반복됩니다. 따라서 첫 번째 회전 시기에 기회를 놓쳤거나 행동에 옮기지 못한 일이 있다면, 그 테마의 시기가 돌아왔을 때 같은 실수를 반복하지 않는 것이 중요합니다. 과거의 경험이나 지금까지 배운 지식을 살린다면 당신이 원하는 삶으로 방향을 전환할 수 있습니다.

포춘 사이클의 7개의 구간은 다음과 같습니다.

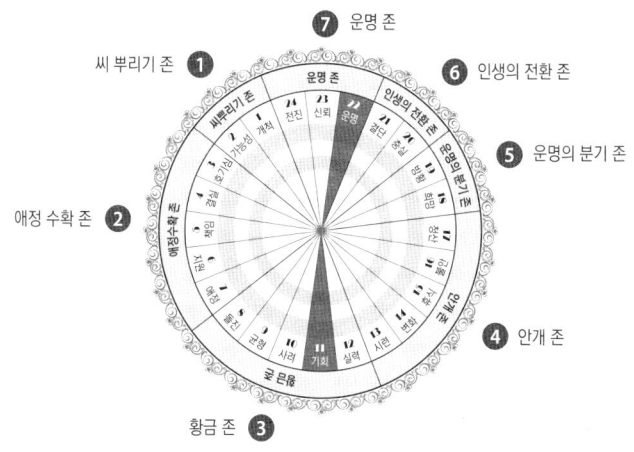

Seven Zone

1. 씨 뿌리기 존: 개척기에서 가능성기
2. 애정 수확 존: 호기심기에서 애정기
3. 황금 존: 돌진기에서 실력기
4. 안개 존: 시련기에서 청산기
5. 운명의 분기 존: 희망기에서 방황기
6. 인생의 전환 존: 충실기에서 결단기
7. 운명 존: 운명기에서 전진기

씨 뿌리기 존 _ 개척기에서 가능성기의 2년간

씨 뿌리기 존은 새로운 일을 시작할 때를 의미합니다. 이사나 이별, 전근, 독립, 사업, 유학, 새로운 프로젝트 등 '새로운 일'에 도전해야 하는 시기입니다. 이 시기에 매너리즘에 빠져 지내서는 안 되며 변화를 두려워하지 말고 여러 가지 일에 도전하세요. 이때 새롭게 시작하는 일은 당신의 미래에도 큰 영향을 미치게 됩니다.

애정 수확 존 _ 호기심기에서 애정기의 5년간

이 시기는 특히 여성에게 중요한 시기입니다. 이 5년간은 동거나 결혼, 임신, 출산 등의 경사와 어울리는 시기이며 사랑하고 사랑받는 시기입니다. 여성만이 아니라 남녀노소 누구나 이 시기에는 많은 사랑을 해야 합니다. 마음의 문을 굳게 닫은 채 타인을 거부하기에는 아까운 시기입니다. 신뢰할 수 있는 친구를 만들거나 인맥을 넓히면 다음 '황금기'의 운세를 바꿀 수 있습니다.

황금 존 _ 돌진기에서 실력기의 5년간

인생 최대의 찬스를 잡을 수 있는 황금 시기입니다. 일과 취미활동, 연애 등 무엇을 하든 흥미로운 시기죠. 이 황금 존 5년을 지낸 결과가 '운명 존'을 크게 바꿉니다. 그러니 이 시기에 적극적으로 움직이지 않으면 10년 후에 찾아올 '운명기'가 보잘것없어지겠죠. 멋진 '운명기'를 맞이하고 싶다면 '황금기'를 가치 있고 충실하게 보내야 합니다. 무슨 일을 하든 무난한 것보다는 대담하고 용기 있는 행동이 행운의 열쇠입니다.

안개 존 _ 시련기에서 청산기의 5년간

인생에 대해 고민해야 할 때입니다만, 아무리 고민해도 답을 얻지 못하거나, 속이 후련해지는 일도 없을 겁니다. 주위에서는 행복해 보이는 당신을 부러워하지만, 정작 본인은 왠지 답답하기만 하죠. 게다가 몸도 피곤하고 무거워지기 쉬우므로 건강에도 각별한 주의가 필요합니다. 가족이나 일, 건강, 부양, 돈, 장래에 관한 일로 고민거리가 생기기 쉬운 시기지만 무리하지 마세요. 의식적으로라도 규칙적인 생활을 해야 하는 시기입니다.

운명의 분기 존 _ 희망기에서 방황기의 2년간

운명의 분기 존 2년간은 다음 구간에서 긍정적이고 밝아질지, 답답한 상태로 인생의 전환 존으로 돌입할지가 결정되는 분기점입니다. 겨우 답답한 구간을 탈출해 마음이 조금은 편안해지지만, 감정기복이 심한 시기입니다. 불안하더라도 당신이 원하는 쪽을 선택해야 합니다.

인생의 전환 존 _ 충실기에서 결단기의 2년간

각오를 다져 운명에 뛰어들 준비를 하는 시기. 도전하세요! 행복으로 향하는 카운트다운은 이미 시작되었습니다. 다음 구간에서 찾아올 운명을 손에 넣기 위해 당신의 본능이 원하는 대로 움직이면 됩니다. 과거에 미련 따위 두지 말고 이 시기를 잘 보내야 합니다. 그렇지 않으면 지금까지 최선을 다해 온 모든 일이 물거품이 될 수도 있습니다. 고착화된 삶의 방식을 바꾸지 않으면 다음 구간에서도 운명을 붙잡을 수 없을지 모릅니다.

운명 존 _ 운명기에서 전진기의 3년간

지금부터 당신의 운명이 시작됩니다. 우연한 만남, 가슴 뛰는 제안, 설레는 여행 등 무엇이든 당신의 인생을 바꿀 기회입니다. 이 시기에는 다양한 분야에 관심을 가지고 낯선 세계로 뛰어들어야 합니다. 누군가를 만나보기도 전에 거절하거나, 자신이 없다는 이유로 어렵게 찾아든 기회를 헛되게 하면 안 됩니다. 이 운명기를 놓치면 다시 23년을 기다려야 합니다. 23년 후에 찾아올 운명기를 기다릴 수 없다면 지금 당장 행동하세요.

포춘 사이클로 보는 나의 인생 주기

Let's try!

우선 본인의 포춘 사이클을 만들어 봅시다.

본인의 마인드 넘버를 중심으로 포춘 사이클을 작성해 보세요. 특정 시기에 관한 정보만 알고 있어도 봉착한 문제해결을 위한 선택이 쉬워집니다. 당신의 선택에 도움이 될 수 있도록 미리 준비해보세요. 포춘 사이클은 당신에게 용기를 주는 인생의 어드바이저입니다.

포춘 사이클 작성표

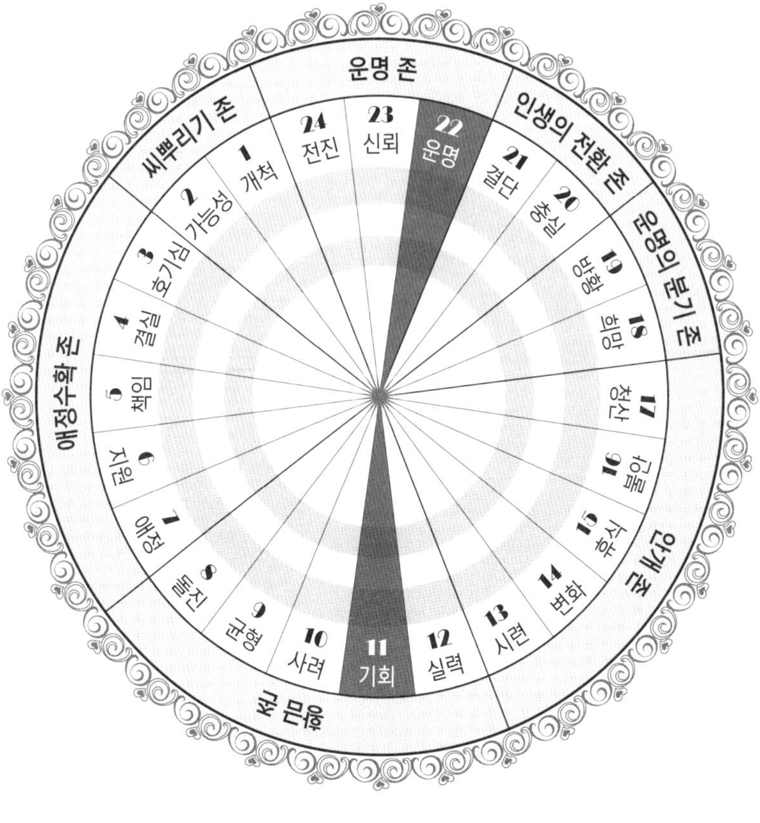

1 본인의 마인드 넘버 찾기

예) 마돈나 **1958년 8월 16일**

2 양력 생년월일 숫자를 모두 더합니다.

예) 1+9+5+8+8+1+6 = 38

3+8 = 11 → 1+1 = 2

(한 자릿수가 될 때까지 더하세요.)

마돈나의 마인드 넘버는

Magician

매지션

3 포춘 사이클 '씨 뿌리기 존'의 **'개척기'에 본인의 마인드 넘버를 적습니다.**
개척기의 숫자는 나이를 의미합니다.
마돈나의 경우는 개척기가 2살이 됩니다.
이때 '가능성기'와 혼동하지 않도록 주의하세요.
포춘 사이클은 '개척기'에 본인의 마인드 넘버를 적어 넣는 것부터 시작합니다.

4 개척기에 본인의 마인드 넘버를 적은 후 왼쪽으로 한 칸씩 나이를 써넣으세요.

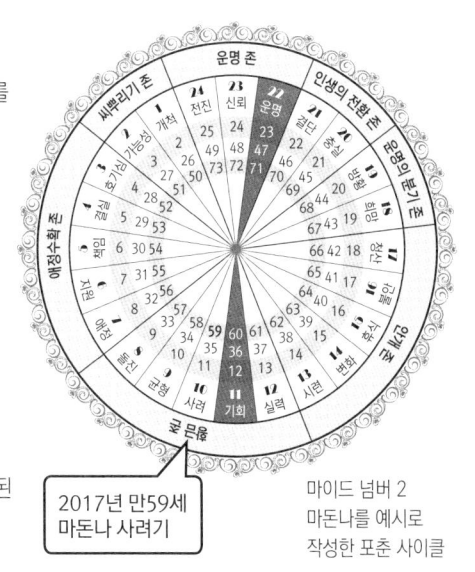

5 궁금한 시기의 나이를 체크합니다. 포춘 사이클은 반드시 만 나이로 계산해야 합니다.
포춘 사이클로 보면 2017년에 59세가 된 마돈나는 '사려기'가 시작된 것을 알 수 있습니다.

2017년 만59세
마돈나 사려기

마인드 넘버 2
마돈나를 예시로
작성한 포춘 사이클

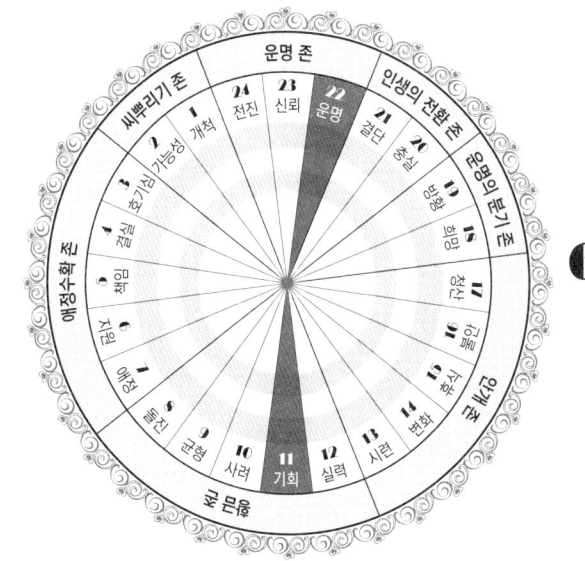

6 마인드 넘버를 계산하고 본인의 포춘 사이클을 작성해 보세요.

| 유명인 포춘 사이클 |

마돈나 Madonna

마인드 넘버

운명을 붙잡은 팝의 여왕

1982년 데뷔 후 30년 넘게 정상자리에 군림하는 슈퍼스타 마돈나 그런 그녀의 포춘 사이클을 함께 봅시다.

운명의 분기 존

| 희망기 | 19 살 | 35달러를 손에 쥐고 뉴욕으로 |
| 방황기 | 20 살 | 돈을 벌기 위해 미술학교에서 누드모델 아르바이트 |

운명 존

| 신뢰기 | 24 살 | 첫 싱글 〈에브리바디〉로 데뷔. 데뷔 앨범 《마돈나》 발표 |
| 전진기 | 25 살 | 《버닝업》이 전미에서 400만 장, 세계적으로 천만 장이 팔리는 성공을 거둠 |

씨 뿌리기 존

| 개척기 | 26 살 | 두 번째 앨범 《처녀처럼(Like a Virgin)》》 발표 세계적으로 2천만 장 이상이 팔림. '마릴린 먼로의 환생'이라 불리며, 마돈나를 모방한 패션이 붐을 이룸 |
| 가능성기 | 27 살 | 배우 숀 펜과 결혼. 세 번째 정규 앨범 《True Blue》 발표 |

애정 수확 존

결실기	29 살	미국 《포브스 잡지》에 연간 가장 돈을 많이 번 여왕 엔터테이너로 게재
책임기	30 살	배우 숀 펜과 이혼
지원기	31 살	싱글 〈보그(Vogue)〉 발표. 이 뮤직비디오에서 펼친 보깅댄스가 유행하면서 6백만 장 이상을 기록하는 대히트
애정기	32 살	백댄서 토니 워드와 교제하여 임신하지만 유산

황금 존

돌진기	33살	'블론드 앰비션 월드 투어'의 무대 뒤 모습을 과격하게 그린 다큐멘터리 영화〈마돈나 진실 혹은 대담 (In Bed With Madonna)〉공개
균형기	34살	여배우와 아티스트를 양립한 주연영화〈육체의 증거(BODY)〉공개
사려기	35살	여섯 번째 정규 음반에〈Take a Bow〉수록
기회기	36살	〈Take a Bow〉가 자기 기록을 경신하며 빌보드 핫 100에 7주 동안 정상을 차지하는 대히트
실력기	37살	오랫동안 염원해온 뮤지컬 영화〈에비타〉촬영 시작

안개 존

시련기	38살	카를로스 레온 사이에서 딸 루데스 레온 출산
불안기	41살	영화감독 가이 리치의 아들 로코 리치 출산
청산기	42살	영화감독 가이 리치와 결혼

인생의 전환 존

| 충실기 | 45살 | 'MTV뮤직 어워드에 참석해 브리트니 스피어스, 크리스티나 아길레라와 공연하는 중에 딥키스 하는 과격한 퍼포먼스가 세계적인 화제가 됨. 첫 동화책『잉글리시 로즈』가 세계 100개국에서 37개 언어로 번역 |
| 결단기 | 46살 | 그녀가 설립한 매버릭 레코드(Maverick Records)가 재정난으로 모회사인 워너브러더스사에 매각 |

운명 존

| 운명기 | 47살 | 열 번째 정규 음반 ≪Confessions On A Dance Floor≫를 발매하면서 댄싱퀸으로 부활. 45개 국가에서 1위에 오르며 기네스 기록에 등재된 싱글〈Hung Up〉의 판매량은 자신의 최대기록인 전미 870만 장을 기록 |

씨 뿌리기 존

| 개척기 | 50살 | 영화감독 가이 리치와 이혼 |

마인드 넘버별 포춘 사이클

Challenger

Keyword
호기심, 개척자, 자유인, 낙천적
파천황, 개성적, 재능, 여행을 좋아함

행운의 컬러
블랙, 화이트

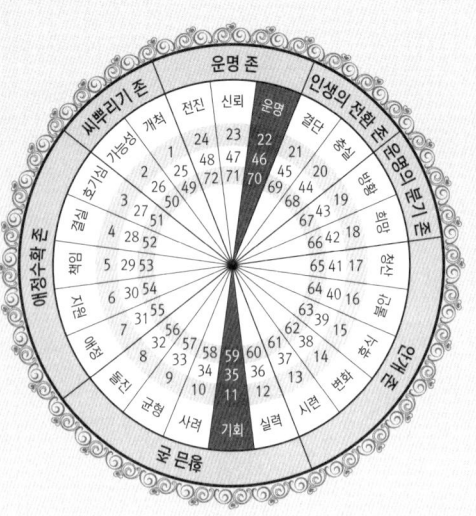

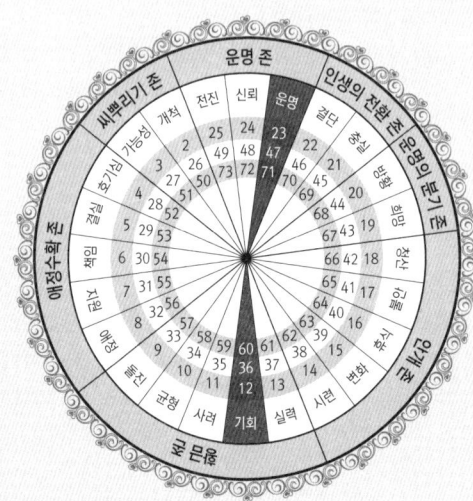

Magician

Keyword
리더, 기적, 찬스, 천재
프로듀서, 전문가

행운의 컬러
퍼플, 핑크

Teacher

Keyword
지성, 품격, 애정, 교육, 교양
인내, 친절, 근면, 박식

행운의 컬러
그린, 베이지

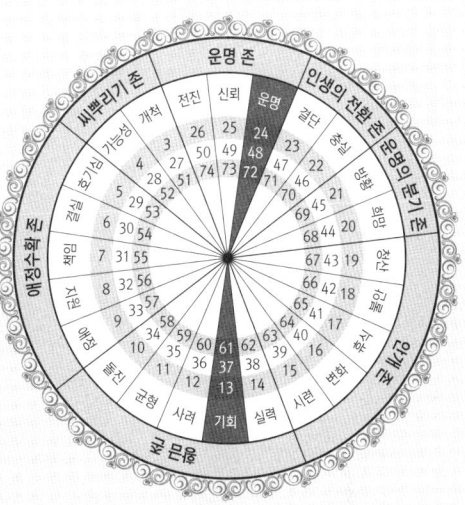

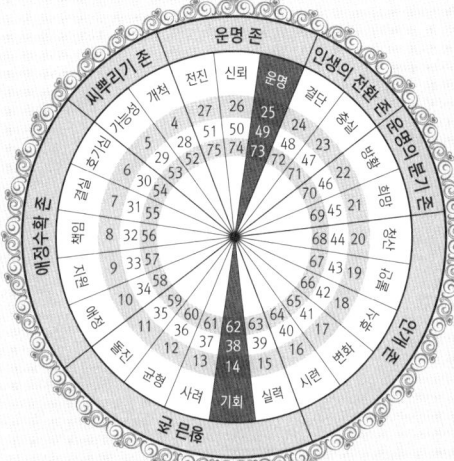

Queen

Keyword
평화, 권력, 창조적, 사랑, 명예
아이를 좋아함, 카리스마, 자신감

행운의 컬러
그린, 레드

King

Keyword
책임감, 권력자, 강인함, 야심
독점욕, 귀족, 성공, 일벌레, 재능

행운의 컬러
네이비, 골드

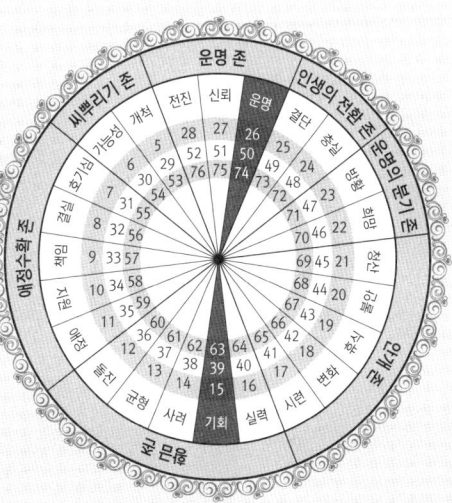

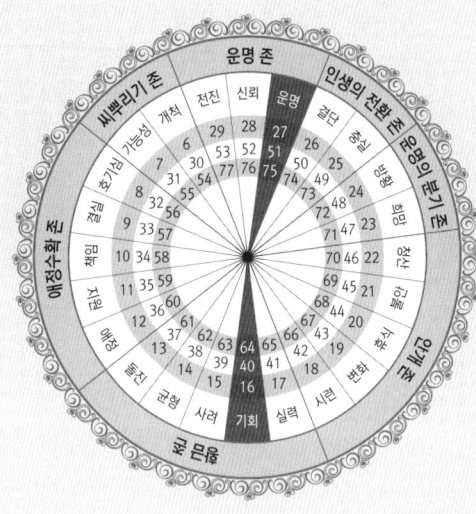

Messenger

Keyword

지도자, 성실, 존경, 거장, 경험
정보발신, 장인, 마이페이스

행운의 컬러

그레이, 블랙

Lover

Keyword

연애, 설렘, 보람, 솔직함, 아름다움
파트너의 영향, 명품지향, 충실

행운의 컬러

화이트, 카키

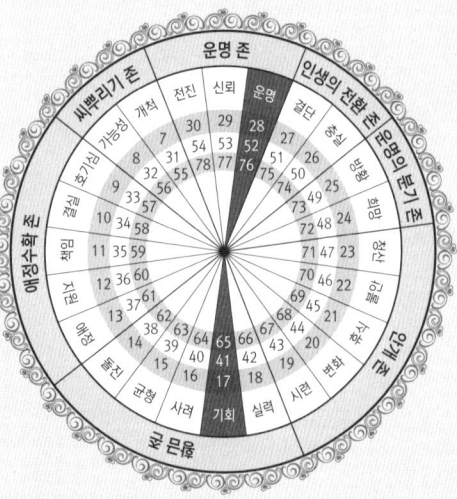

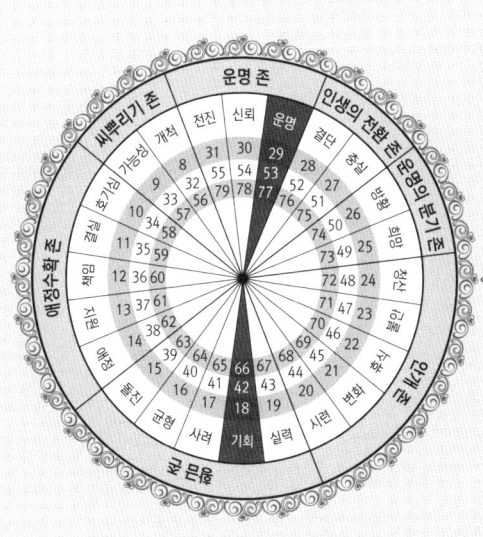

Fighter

Keyword

승리, 일, 출세욕, 건강, 행동력
향상심, 금욕적, 우연한 만남

행운의 컬러

블랙, 블루

Balancer

Keyword

양립, 정의감, 공평, 두 개의 얼굴
미스터리, 다채로움, 재주, 성실

행운의 컬러

옐로우, 오렌지

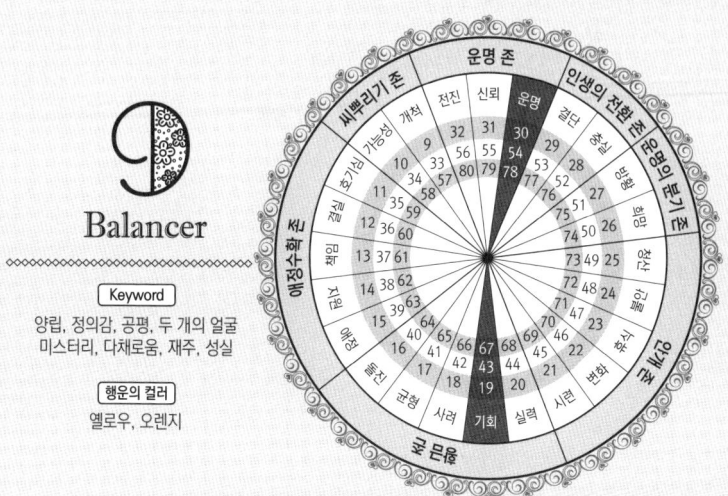

씨 뿌리기 ZONE

1 개척기 **2 가능성기** 2년간

무언가를 시작하기에 좋은 시기. 이 기간에는 오래된 습관이나 인간관계를 재검토하고 새로운 일을 시작할 절호의 타이밍입니다. 개척기에는 전직이나 독립, 유학, 등 대담한 일에 도전해도 성공을 거둘 수 있답니다. 운세까지 당신의 편이 되어 응원하고 있으니 오래전부터 관심 있던 일을 시작해보세요. 도전정신이 행운의 열쇠입니다. 오래 사귄 연인은 장래에 대해 생각해보기에도 좋은 시기지요. 두 사람의 새로운 인생 페이지를 만들어가거나, 아니면 각자의 길을 걸어가거나. 새로운 인생이 기다리고 있는 시기이니만큼 결단을 미루지 말고 행동해야 운이 열립니다. 깔끔하고 산뜻한 기분으로 내년의 '가능성기'를 맞이하세요!

✿ 새로운 친구 찾기

취미가 같거나 공통점이 많은 사람과 친해질 수 있는 시기입니다. 이 시기에 만난 사람들은 향후 당신에게 행운을 가져다주거나 평생 친구가 될 가능성이 큽니다. 온라인을 통해 만난 친구도 좋지만 이 시기에는 되도록 오프라인에서 만날 수 있는 친구를 많이 만드세요. 뭔가를 배울 생각이라면 여성 참가자가 많은 곳보다는 남녀 관계없이 즐길 수 있는 볼링이나 트래킹, 영어회화, 세미나 등을 추천합니다. 음악을 좋아한다면 음악적 취향이 비슷한 친구와 콘서트나 뮤직 페스티벌에 참가해 보는 것도 좋겠지요. 무엇보다 진심으로 일상을 즐겨야 합니다. 일도 놀이도 전심전력으로 즐기다 보면 새로운 만남이 생길 거예요.

❁ 새로운 자신을 연출

변화가 키워드. 몇 년 동안 똑같은 메이크업과 헤어스타일로 고착되어 있으면 운도 매너리즘에 빠집니다. 사람의 인상은 3초 안에 결정된다는 말이 있지요. 그 짧은 3초가 상대의 뇌리에서 잊히지 않을 만큼 강한 인상을 남길 수 있도록 노력하세요. 대충하고 다니면 좋은 기운도 빛을 발하지 못합니다. 우선은 간단하게 할 수 있는 것부터 평소와 다르게 연출해보세요. 당신의 새로운 매력을 발산하면 오래전부터 호감을 느끼던 사람이 접근해올 수도 있습니다. 스펙이 높은 남성이 목표라면 다이아몬드나 진주 같은 요란스럽지 않고 기품이 넘치는 액세서리를 착용해보세요.

❁ 핫 플레이스로 GO

자신의 가능성을 확장할 시기. 지금까지 경험한 적 없는 일을 해보거나 가본 적 없는 곳으로 외출하세요. 이 시기에 경험한 것이 많으면 많을수록 만족할만한 결과도 얻기 쉬워집니다. 다양한 경험을 통해 가능성을 넓히면서 미래를 준비하는 씨 뿌리기 시기에는 스스로 정보를 차단하면 안 됩니다. 피트니스를 시작하거나 악기, 요리 등 다방면으로 활동의 폭을 넓혀보세요.

❁ 적극적으로 행동하기

이 시기에 수동적인 자세는 아무 도움이 안 됩니다. 씨 뿌리기 존 2년간은 다음의 애정 수확 존과 황금 존에도 큰 영향을 주는 시기예요. 애정 수확 존과 황금 존에서 최고의 기회와 행복을 잡고 싶다면, 먼저 나서서 적극적으로 행동해야 합니다. 가만히 앉아서 누군가 불러주기만 기다려서는 안 됩니다. 마음이 잘 통하고 더 친해지고 싶은 사람에게는 먼저 연락처를 물어보거나, 망설이지 말고 페이스북이나 SNS로 메시지를 보내세요. 물론 일에서도 적극적이고 능동적인 자세가 필요합니다. 이 시기는 전직이나 사업, 유학, 부업, 이사 등을 고민해 보는 것도 좋습니다. 평소 관심을 두던 회사에서 직원모집을 하지 않는지, 더 좋은 조건의 직장은 없는지 긍정적으로 찾아보세요. 지금 근무하는 곳에서 경력을 쌓아 승진하고 싶다면 상사에게 당신의 존재를 어필하세요. 이 시기는 가만히 누워서 감 떨어지기만을 기다려서는 아무 일도 시작되지 않습니다. 뭔가를 바꾸고 싶다면 먼저 당신의 행동부터 달라져야 합니다.

1 개척기 | 새로운 일을 시작할 때
두렵다고 주저하지 말고 행동하는 게 열쇠

긍정적인 면

❊ 새로운 여행의 시작
자신에게 제동을 걸지 않고 자유롭게 행동한다면 당신의 매력지수는 훨씬 높아질 거예요. 정해진 틀에 박혀 답답하게 지내기에는 너무 아까운 시기입니다. 타성에 젖은 채로 지내온 생활을 청산하고 결단을 행동에 옮겨야 새로운 당신이 될 수 있어요. 새로운 장소나 직장, 가본 적 없는 낯선 나라로 여행하면서 자신을 지금과 다른 환경에 두어야 합니다. 자신의 미래 모습을 그려보는 것도 운을 여는 데 도움을 줄 거예요. 두려워하지 말고 새로운 무대로 한 계단 과감하게 올라가세요. 행운의 아이템은 수첩.

❊ 도 전
지금까지 계속 어렵다고 생각해왔던 일을 다시 한번 들여다보세요. 정말로 실현 불가능한 일인지, 아니면 동기가 생기면 해낼 수 있는 일인지. 만약 어떤 동기부여로 실현할 수 있는 일이라면 그 '동기'를 스스로 만들어보세요. 시작부터 일이 잘 풀리지 않더라도 도전은 계속해야 합니다. 당신의 엔진에 시동이 걸리기만 하면 발전적인 아이디어가 봇물 터지듯 끊임없이 쏟아질 거예요. 평소보다 더 용기 있는 행동이야말로 꿈을 실현하는 첫걸음입니다.

❊ 생각이 아닌 행동으로
복잡한 생각으로 행동할 시기를 자꾸 미루지 마세요. '언젠가는 하겠지'라는 생각만으로는 아무 일도 시작되지 않습니다. 머리로 생각하지 말고 마음이 시키는 대로 과감하게 행동하세요. 이 시기는 생각이 많으면 많을수록 답답해지고 뭘 해야 좋을지 더 막막해질 뿐입니다. 다른 사람 이야기에 휘둘리거나 혼자 고민하다 우울해지지 않도록 조심하세요. 당신의 직감을 믿고 내린 결단이 미래의 문을 열 수 있답니다. 실패를 두려워하지 말고 오로지 가능성만 믿고 행동하세요.

❊ 재 능
당신의 재능은 무엇인가요? 당신의 특기는? 이 시기는 자신의 무기를 최대한 활용하면 운명의 기회를 붙잡을 수 있답니다. 자신 없다는 말을 하고 있을 때가 아니에요. '개척기'에는 당당하게 행동해야 합니다. 당신이 좋아하는 일이나 푹 빠질 수 있는 일을 찾아서 오로지 당신만이 할 수 있는 일을 조금씩 늘려가세요. 그 재능이 활짝 필 수 있는 곳을 찾아서 당신의 존재를 적극적으로 어필하세요.

부정적인 면

✦ 제멋대로
한참 물오른 당신. 자신의 감정도 중요하지만, 제 멋대로 행동하다 주변 사람들에게 민폐를 끼칠 수도 있습니다. 배려 없는 행동이나 불성실한 태도를 보이지 않도록 주의하세요. 귀찮다고 멋대로 약속을 취소하거나, 업무 마감을 지키지 않으면 당신의 이미지는 계속 나빠지기만 할 뿐이겠죠. 기운이 좋을 때야말로 감사와 겸손한 마음을 잊지 말아야 합니다.

✦ 타산적
앞으로 몇 년간 이어질 '행운기'를 준비하기 위해 어떠한 기회라도 잡고 싶다는 마음이 강해질 수 있습니다. 조급한 마음에 타산적으로 행동하면 주변 사람들의 신용을 잃게 되면서 소중한 사람들까지 떠나버립니다. 선배 앞에서 괜찮은 후배인 척 하거나 남성 앞에서 귀여운 여자인 척하는 등 특정한 사람과의 친분을 손익 계산으로 득실을 따지는 안이한 생각은 도움이 되지 않습니다. 당연하겠지만 당신의 가면이 벗겨지는 건 시간문제니까요. 이 시기에는 신뢰와 공평한 태도가 당신에게 좋은 기회를 가져옵니다. 성실함과 노력이 중요하다는 사실을 꼭 기억하세요.

✦ 속 단
마음이 조급하다보니 단순한 착각으로 문제를 일으킬 수도 있습니다. 다른 사람의 이야기는 끝까지 잘 듣고 중요한 일은 반복해서 확인하는 등 사전에 실수를 방지할 수 있도록 꼼꼼하게 체크하세요. 이 시기에는 다양한 활동을 통해 많은 정보를 받아들이는 동시에 기초부터 확실히 다져 두어야합니다. 아무리 즐거운 일이 있더라도 흥분하지 말고 자신이 맡은 일은 확실하게 처리하면서 기초를 단단히 정비해두세요. 정신적인 피로는 심호흡을 통해 마음을 편안하게 하면서 풀어보세요.

✦ 소 란
너무 흥겨운 나머지 도를 넘으면 반드시 후회할 일이 생깁니다. 운이 좋은 시기에 들어서는 중요한 시점이니만큼 노는 것도 적당한 선 긋기가 필요합니다. 이 시기에는 당신의 이미지가 나빠질 일은 되도록 만들지 말아야 해요. 인생의 새로운 무대가 시작되는 중요한 터닝 포인트라 생각하고 자신의 말과 행동에도 책임질 수 있는 사람이 되어야 합니다. 소 잃고 외양간 고치지 않도록 조심하세요.

2 가능성기 | 순간적인 영감이 메시지
당신다운 행동이 가능성을 무한대로 넓혀갑니다

긍정적인 면

✿ 직감력
이 시기에는 불안하더라도 타인의 의견보다는 본인의 생각을 중요시하세요. 의욕과 직감이 평소보다 훨씬 날카로울 때입니다. 망설임은 금물. 자신감으로 돌진해야 합니다. 당신을 불안하게 하는 악마의 속삭임에 귀 기울여서는 안 되겠죠. 다른 사람이 어떻게 생각하든 상관없어요. 주변에 신경 쓰기 시작하면 당신의 행동에 제동이 걸릴 수도 있답니다. 마음을 자유롭게 풀어주고 편안하게 지내세요. 기분전환으로는 여행이나 체험 프로그램에 참여하는 것도 좋습니다.

✿ 셀프 프로듀스
'가능성기'는 글자 그대로 가능성이 넘치는 시기입니다. 인생의 스포트라이트는 당신을 비추고 있습니다. 패션이나 메이크업도 주연배우처럼 화려하게 셀프 프로듀스하세요. 늘 해오던 편한 스타일이나 취향도 중요하지만, 연예인처럼 보이는 모습을 의식하면서 자신에게 어울리는 스타일을 찾는 것도 중요합니다. 많은 사람과의 만남이 있고, 우연히 찾아든 가슴 설레는 일도 생기는 시기이니 만남에 대해 긍정적인 인식을 가지도록 노력해야 합니다.

✿ 지식
평소보다 직감이 강한 시기이니 지식을 업데이트하기에 좋습니다. 책이나 잡지, 인터넷이나 텔레비전을 통해 다양한 지식을 흡수할 수 있지만, 아무 목적 없이 지식만 늘리기보다는 당신이 관심 있는 분야를 공부하면 좋을 거예요. 이 시기에 배우거나 경험한 일이 몇 년 후에 찾아올 황금 존에 큰 도움이 될 테니까요. 만약 이 시기에 배움을 게을리 하면 황금 파워도 한낱 쇳조각으로 변해 별 볼일 없게 되어 버립니다.

✿ 즐기기
'가능성기'에는 뭔가 즐거운 일이 생길 것 같은 기대로 마음이 들썩들썩합니다. 앞으로 몇 년 동안 당신 주위에 좋은 기운이 흐르기 때문입니다. 미리 먼 미래에 대해 걱정하면서 고민하고 우울해지지 말고, 가까운 내일의 행복한 일을 계획해 현재를 즐기세요. 만약 즐거운 계획이나 이벤트가 없다면 당신이 나서서 즐거운 일을 만들어 보는 것도 좋겠죠! 바람이 불지 않으면 내가 달리면 된답니다. 당신이 웃고 있으면 자연스럽게 당신 주위로 사람들이 몰려들며 든든한 응원부대가 생길 거예요.

부정적인 면

✦ 일을 꼬이게 만드는

마음에 둔 사람과 만났는데 수줍어서 아무 말도 못 하거나 골을 눈앞에 두고 망설인다면, 어렵게 만든 기회를 놓칠 수도 있습니다. 이 시기에는 상대방의 입장만 고려한다든지 상대방을 배려한다고 연락을 망설인다면 긍정적인 결과를 기대할 수 없어요. '가능성기'는 사랑을 듬뿍 받아야 할 시기입니다. 연애나 약혼, 결혼, 임신을 긍정적으로 생각하고, 괜찮은 사람이 있다면 당신이 먼저 적극적으로 행동하세요. 수동적인 자세는 더는 미덕이 아닙니다.

✦ 거짓말쟁이

당신의 말은 마치 마법처럼 사람들의 감정을 움직일 수 있습니다. 모든 사람이 당신을 주목하고 있어요. 그러니 언행일치가 되지 않으면 거짓말쟁이가 돼 버립니다. 상대의 기대를 저버리면 마법의 힘은 사라지고 '허풍쟁이', '입만 살았군' 같은 꼬리표가 따라다니게 됩니다. 활약이 두드러지는 시기이니 말과 행동에 반드시 책임질 수 있어야 합니다. 당신의 강렬한 의욕에 책임 있는 말과 행동까지 수반된다면 이루지 못할 꿈은 없답니다.

✦ 자포자기

계획대로 일이 진행되지 않거나 상사의 압박 등 어려운 일이 생겨 자포자기하고 싶어지는 순간, 기억하세요! 지금은 당신의 꿈을 이루기 쉬운 시기라는 사실을. 꼬인 일이 좀처럼 풀리지 않는다면 차분하게 다시 한 번 점검하고 계획을 다시 세우세요. 훨씬 더 좋은 아이디어가 떠오를 겁니다. 당신만 포기하지 않으면 길은 반드시 열립니다.

✦ 자기중심적

에너지가 넘친다고 무리해서 자신의 계획이나 일을 강행하면, 주변 사람의 빈축을 사고 따가운 시선을 받을 수도 있습니다. 열심히 하는 것도 중요하지만 가끔은 멈춰 서서 주위 사람들을 돌아보는 여유를 가지세요. 곤경에 처한 사람이나 고민이 있는 사람에게 당신이 먼저 손을 내밀어 보세요. 이 시기는 비즈니스만이 아니라 직장 동료나 친구, 가족, 연인까지도 소중하게 생각해야 합니다. 그러면 더 많은 사랑과 행복이 당신 곁으로 몰려올 겁니다.

| 유명인 포춘 사이클 |

마인드 넘버

 **힐러리 클린턴**
(Hillary Clinton)

근성과 계획성으로 역사상 첫 위업 달성

힐러리 클린턴은 대학 때부터 남성에게 뒤지지 않는 수재였습니다. 13살 때 장래의 꿈이 우주비행사라는 편지를 NASA에 보냈지만, 여성 희망자는 받지 않는다는 답장을 받고 여성이 할 수 없는 직업이 있다는 사실을 강하게 의식하게 되었다고 합니다. 남녀 불평등을 느낀 수재 힐러리는 10대부터 선거활동을 시작하는 등 정치에 큰 관심이 있었습니다. 변호사가 되기 위해 예일 대학 로스쿨에 다닐 때는 이미 능변이 뛰어난 수완가로 유명했지요. 그런 그녀를 빌 클린턴은 먼발치에서 바라만 보고 있었어요. 빌의 존재를 의식하게 된 힐러리가 먼저 말을 걸면서 둘의 교제가 시작됩니다. 대학을 졸업한 힐러리는 어디서든지 원하는 직장을 구할 수 있을 만큼 장래가 유망했지만, 빌은 고향으로 돌아가 정치가가 되려고 결심합니다. 그래서 힐러리는 자신과 아무 인연도 없는 곳으로 빌과 함께 이사하게 됩니다.

그때가 27살로 정확히 '개척'의 해입니다. 과연 이 시점에서 장래 자신의 남편이 될 연인이 주지사에서 미국 대통령이 될 거라고 상상이나 했을까요? '개척기'는 자신의 행동 범위나 사고를 확장해야 할 시기입니다. 바로 결과가 나오지 않는다고 이 시기에 무언가를 개척해두지 않으면 당신의 영역은 좁은 상태에서 끝나버리지요. 해외 유학이나 이주, 여행도 괜찮으니까 다른 직종의 사람들과 어울리면서 당신의 세계를 넓힐 수 있도록 노력하세요.

힐러리는 아직 아무 직책도 없는 연인의 미래를 믿고 이사와 결혼을 하고 33살 '애정기'에 딸을 출산합니다. 그리고 당시 대통령이던 남편의 외도나 어떤 위기 상황이 생겨도 결코 냉정함을 잃지 않고 차분하게 대처하면서 국민의 신뢰와 호감을 얻지요. 그 후에도 계속 남편을 서포트하지만 결코 자신의 경력도 버리지 않습니다. 미국 사회에서는 결혼하면 아내가 남편의 성을 사용하는 것이 관례지만, 그녀는 완고하게 자신의 원래 성을 고수합니다. 미국 사상 처음으로 대학원을 졸업한 퍼스트레이디이며, 또한 사상 처음으로 퍼스트레이디에서 대통령 후보가 된 지금까지 그녀가 살아온 삶의 증거일지도 모릅니다. 선거 후에는 클린턴의 이름도 함께 사용하고 있지만, 선거를 치를 때에는 '힐러리'만을 전면에 내세운 것만 보더라도 그녀의 자신감 정도를 알 수가 있습니다. 여성이라는 이유로 포기하지 않고 남자 못지않은 실력으로 매진해 온 그녀. 그 모습을 통해 난관에 부딪히더라도 변명을 늘어놓으며 쉽게 포기해서는 안 된다는 점을 배웁니다.

애정 수확 ZONE

`3 호기심기` `4 결실기` `5 책임기` `6 지원기` `7 애정기` 5년간

자, 드디어 때가 왔습니다. 사랑을 만들어 가세요. 일만 하기에는 지금 이 시간이 너무 아깝습니다. 사랑할 대상은 연인만이 아니라 가족이나 친구, 애완동물 등 폭이 넓고 일에도 애정이 생깁니다. 포춘 사이클 안에서도 특히 이 구간은 교제나 동거 혹은 결혼이나 임신, 애완동물을 키우거나 내 집 마련, 사업과 같은 일의 전개가 가장 활발하게 나타나는 시기입니다. 이 시기에는 은둔하거나 일에만 몰두하지 말고 시야를 넓혀 다양한 분야에 관심을 가져보세요.

 Happy to do list

❖ 일보다는 사생활에 충실하기

사랑이 넘치고, 새로운 만남이나 연애, 비즈니스 제안이나 큰 기회 등 지금까지 해온 일들이 평가받는 시기입니다. 일에서도 결실을 보는 시기로 성공을 얻기 쉬울 때지요. 결혼이나 임신 가능성도 있는 시기이니 일에만 열중하지 말고 개인적인 시간을 만들어 맘껏 즐기세요. 연인이 있는 사람은 함께 있는 시간을 늘리거나 여행을 통해 추억을 공유하면, 애정이 더 돈독해질 겁니다. 이 시기에는 가슴 설레는 일을 많이 기획해보는 것도 권하고 싶습니다. 평소보다 조금 더 멋진 레스토랑에서 식사하거나 자신에 대한 보상으로 보석을 사는 것도 좋겠죠. 이 시기의 지출은 당신을 더 빛나게 하기 위한 투자라고 생각하세요. 하지만 대금 지급이 어려울 정도의 계획 없는 지출은 하지 않아야 합니다.

❂ 사람들 의식하기

이 시기의 당신은 주위의 시선을 한 몸에 받는 '드라마 여주인공'. '나 같은 사람은 아무도 신경 쓰지 않겠지'라고 생각하면 절대 안 됩니다. 누구를 막론하고 사랑이 찾아오는 시기이니만큼 평소에도 감각적인 스타일을 연출해보세요. 유행이 지난 패션이나 더러워진 구두, 낡은 가방, 푸석푸석한 머리 등 여주인공에게 어울리지 않는 것은 과감하게 바꾸고 변신해야 합니다. 게다가 이 시기는 사랑을 받기만 하는 것이 아니라 가진 것을 나누고 베풀면 남다른 애정이 생길 거예요. 직장동료나 가족, 연인 모두에게 따뜻하게 대하세요. 냉정하게 대하거나 무조건 엄하게 다그치면 나중에 후회할 일이 생길지도 모릅니다. 애정을 베푼 만큼 돌아온다는 걸 기억하세요.

❂ 혼자 껴안지 말고 주위에 도움 요청

어려운 기획이나 빡빡한 스케줄을 혼자 안고 있으면 효율성도 떨어지고 스트레스만 쌓입니다. 이 시기는 애정을 듬뿍 받는 시기이니 무슨 일이든 혼자 해결하려고 하지 말고 직장 상사나 선배와 의논해 필요한 도움을 받으세요. 팀 프로젝트에서는 맡은 일에 성실한 당신의 모습이 더 좋은 인상을 남길 겁니다. 만약 보기 싫은 상사나 선배가 있더라도 너무 솔직하게 감정을 드러내거나 냉정하게 대하지 마세요. 웃는 얼굴로 지내다 보면 당신의 주가는 점점 더 높아질 거예요. 뜻밖의 멋진 만남이 기다리고 있을지도 모르니 휴일에도 집에만 있지 말고 기분이 좋아질 만한 화려한 장소로 외출해보세요. 당신만 움직인다면 운명적인 사람과 만날 가능성도 커집니다. 일루미네이션이 아름다운 곳이나 화기애애한 홈 파티도 좋습니다.

❂ 보디라인에 신경 쓰기

회사 일이 바쁘거나 집안일에 치여 살다 보면 체질개선 할 시간이 없겠지만, 몸을 만드는 데 중요한 것은 식사와 적당한 운동입니다. 틈이 날 때마다 워킹이나 스트레칭 등 간단한 운동이라도 좋으니 의식적으로 몸을 움직이세요. 무리한 다이어트는 요요현상이나 영양실조를 일으켜 컨디션을 해칠 수 있으니, 식사 제한보다는 유산소 운동을 통해 체내가 정상적으로 작동할 수 있게 도와주는 것이 중요합니다. 건강한 아름다움으로 모두에게 사랑받는 사람이 되세요.

3 호기심기 | 여러 가지 일에 관심을 가지고 적극적으로 행동하면 만남과 기회가!

긍정적인 면

지적 호기심
알고 싶고 배우고 싶고 한 단계 더 성장하고 싶다는 적극적인 학습의욕을 높이는 게 열쇠입니다. 그 학습의욕이 당신의 지식 창고를 넓힐 수 있을지 아닐지를 결정하게 되겠죠. 외국어 공부나 스포츠, 면허증 취득 등 당신이 관심이 두는 일에 도전해보세요. 오래 할 수 있을지 어떨지는 나중에 걱정해도 됩니다. 관심이 있다면 우선 그 문을 열어봐야죠. 비용 때문에 걱정된다면 먼저 체험 프로그램을 통해 상황을 살펴보세요. 실마리는 당신이 동경하는 사람에게 있습니다.

향학심
예전에 관심을 두긴 했지만, 생각만 하다 시작도 못 한 일은 없나요? 이제 배울 때가 왔습니다. 나이를 핑계로 포기한 일이 있다면 다시 생각해보세요. 배움에 나이는 전혀 문제 되지 않습니다. 늦었다고 생각할 때가 가장 빠르다는 말처럼 무조건 행동으로 옮기세요. 지금의 당신이라면 무슨 일이든 흡수할 수 있거든요. 당신의 배움과 성장을 향한 욕망이 지시하는 대로 변화를 두려워하지 말고 일단 행동하세요. 인생에는 언제든 전환기가 오기 마련입니다. 그때가 바로 '지금'입니다!

동경
호텔 스파에서 여유로운 시간을 보내거나 전망 좋은 레스토랑에서의 식사, 예쁜 디저트 카페에서 차를 마시는 등 소소한 사치가 당신의 기운을 더 좋게 합니다. 이 시기는 돈이 없다고 절약만 하면 기분도 동기부여도 상승하지 않아요. 돈을 쓸 때는 기분 좋게 쓰세요. 패션도 평소보다 더 고급스러움과 우아함을 의식하세요. 자연스럽게 브랜드 아이템을 사용하는 것도 좋습니다.

교류
'호기심'의 시기에는 많은 사람과 교류하면 할수록 기운이 좋아집니다. 당신보다 지식이나 경험이 풍부한 사람에게 조언을 구하거나 다른 세계의 사람과 대화를 즐기다 보면, 당신의 세계도 어느 순간 활짝 열릴 거예요. 고민만 하다 보면 어쩐지 답답하고 무심하게 시간만 흘러갈 뿐. 이 시기는 완전무장한 상태로 싸우려 하지 말고 빈틈을 보이면서 주위에 살짝 기대보세요. 행운의 아이템은 동물 장식품.

부정적인 면

❄ 잔소리

활력이 넘칠 때인 만큼 자기 일뿐만이 아니라 주변 사람들의 일까지 신경이 쓰여 간섭하고 싶어집니다. 사람들과의 거리를 유지하면서 지나치게 간섭하지 않도록 주의하세요. 특히 가까운 사람에게 잔소리가 심해지면 상대는 의욕을 잃게 됩니다. 가르치는 말투로 충고하거나 미리 단정해서 말하지 않도록 하세요. 연인에게도 도가 지나치면 균열이 생길 수 있으니 조심하세요.

❄ 변 명

갖은 핑계를 대면서 자신의 감정을 속이고 있지는 않나요? 유학을 가고 싶지만, 다시 학교에 가서 공부하고 싶지만, 비용이 많이 들고 지금 하는 일도 있어서, 남자친구가 있으면 좋겠지만 바빠서 시간을 낼 수 없으니까, 나 자신이 해낼 자신이 없어 등 이런저런 변명만 하고 있지는 않은지요? 자신을 지키는 것도 중요하지만, 이 시기는 드물게 찾아오는 행운의 시기인 만큼 행복한 일이 생기기 쉽다는 걸 기억하고 과감하게 행동하세요.

❄ 비 판

당신이 최선을 다하고 있는 만큼 주변 사람들의 대수롭지 않은 행동이나 말투에 짜증이 날 때가 있을 겁니다. 그렇다고 상대를 비판하면 안 됩니다. 각인각색의 사람이니 모두 다를 수밖에 없습니다. 당신의 생각과 가치관에 상대를 억지로 끼워 맞추려고 하지 마세요. 특히 자신의 기분이 별로라고 가족에게 냉랭하게 대하고 있지 않은지, 잘 생각해보세요. 당신이 무심코 던진 한마디가 돌이킬 수 없는 상황을 초래할 수도 있습니다.

❄ 질 투

정말 열심히 했는데 결과나 성과가 제대로 나오지 않거나, 나는 이렇게 힘든데 저 사람은 왜 항상 즐거울까? 라는 등 누군가를 질투하는 마음이 생길 수 있습니다. 다른 사람의 떡이 더 커 보이는 법이지요. 하지만 당신이 누군가를 질투하는 동안에도 시간은 공평하게 흘러갑니다. 마냥 부러워한다고 해서 기회가 오는 건 아니겠죠. 우선은 주변 사람에게 너무 신경 쓰거나 비교하는 일부터 그만두세요. 기회는 반드시 찾아올 테니 질투하는 마음을 온전히 내려놓으세요. 그러면 훨씬 당신답게 온화한 마음으로 지낼 수 있을 겁니다.

4 결실기 | 축하할 일이 많이 생길 때
행복과 사랑의 기회가 넘쳐날 것 같은 기대감 상승

♛ 긍정적인 면

✿ 애 정

결혼하고 싶다는 마음이 강해지다 보니 순식간에 연애가 시작됩니다. 약혼이나 결혼, 임신 등 경사스러운 뉴스가 생기기 쉬운 시기예요. 지금까지 연애와 담을 쌓고 지낸 소극적인 사람이라도 사랑의 요정이 문을 두드립니다. 하지만 부정적인 말만 반복하거나 좋아하는 감정을 속이거나 일에만 빠져있으면 사랑의 요정도 지쳐서 다른 곳으로 가버리니 긍정적으로 솔직하게. 이 시기의 키워드는 사랑, 연애, 두터운 정입니다.

✿ 성 공

그동안 열심히 해온 일이 드디어 열매를 맺어 수확할 때입니다. 하지만 수확 작업도 혼자서는 힘든 것처럼 모든 공적을 혼자 차지하려고 하면 수확량도 줄어들어요. 성과를 독차지하기보다는 구성원들의 마음을 먼저 얻으세요. 당신에 대한 평가도 더 높아집니다. 서로 힘을 합쳐 일을 이뤄냈을 때 성취감은 더 커지는 법입니다. 팀플레이라는 걸 기억하세요. 이 시기는 성공으로 향하는 첫 번째 단계입니다. 황금 존에 가까워질수록 더 많은 기회와 평가가 기다리고 있습니다.

✿ 주인공

당신 인생의 주인공은 그 누구도 아닌 당신 자신입니다. 주연을 빛나게 해주는 조연이나 엑스트라가 아닙니다. 모든 일이 행복한 방향으로 흘러가기 쉬운 시기이니 조금 욕심을 내서 사생활도 일도 모두 충실하게 보내세요. 멈춰 있을 시간이 없습니다. 무슨 일이든 도전하세요. 겸손해서도 안 됩니다. 스포트라이트를 받고 있는 자신을 상상하면서 꿈의 무대를 향해 끝까지 걸어가세요. 왜냐하면, 당신이 그 무대의 주인공이니까요.

✿ 행 복

행복이 넘치는 때이니 행복해지는 것을 두려워하지 마세요. 스트레스를 많이 받는 환경에 있을수록 휴식을 취하면서 즐거운 일을 찾으면 좋겠지요. 사랑과 인연이 강한 시기에는 오픈마인드를 의식해야 합니다. 누군가가 당신을 행복하게 해주기만을 바라지 말고, 자신이 정한 행복의 기준을 소중하게 생각하세요. 사랑을 주는 일도 사랑을 받는 일도 부끄러워하지 마세요. 자연스러운 칭찬이나 감사의 마음을 전하는 습관을 만들면 좋을 거예요.

부정적인 면

✿ 예방
'결실기'는 혼전 임신도 많고 어쨌든 아기와 인연이 많을 때입니다. 만약 아직 준비되지 않은 상태라면 반드시 피임하세요. 지금까지 아무 문제 없었다고 안이하게 생각하거나 피임을 남성한테 맡기면 안 됩니다. 꼭 임신이 아니더라도 건강한 습관을 위해 노력해야 합니다. 부인과 질환에도 조심해야 할 시기이니 정기검진을 게을리하지 마세요.

✿ 고독
이 시기는 연인이 없다는 초조함과 불안함, 장래에 대한 고민이 많을 때입니다. 연인이 있더라도 그 사람이 운명의 상대라고 확신할 수 없거나, 혹은 상대가 좀처럼 프러포즈를 하지 않아 고민이 되겠죠. 이 시기는 사랑에 대해 진지하게 생각할 때입니다. 당신이 그와 결혼하고 싶다면 결혼 의사를 분명하게 밝히세요. 아무 말도 하지 않은 채 수동적인 자세로 기다리기만 하면 귀중한 시간과 기회를 놓쳐버립니다.

✿ 파워 부족
이 시기는 일에 치여 지내기 쉽습니다. 그렇다고 개인적인 시간까지 희생해가면서 일만 하다 보면 귀중한 애정기에 자기만의 러브 스토리 하나 만들지 못한 채 시간만 흘려보내게 될 거예요. 가까운 곳에 마음에 드는 이성이 있는데도 일을 우선시하다 보면, 상대는 당신 곁에서 점점 멀어질 거예요. 당연히 당신이 일과 사생활을 제대로 조절하지 못했기 때문이지요. '결실기'에는 특히 사랑이 열매를 맺는 시기이니 연애 스위치를 켜두는 시간이 필요하답니다.

✿ 망설임
운세를 감정하다 보면 가끔 임신과 일을 두고 어느 쪽을 택할지 고민하는 여성이 많습니다. 왜 하나만 선택해야 한다고 생각할까요? 둘 다 가져도 괜찮아요. 주변에 아이가 있어도 커리어우먼으로 크게 성공한 여성도 많이 있잖아요. '결실기'는 일이든 사랑이든 아기든 무엇이든 인연이 있는 시기입니다. 하나만 선택해야 한다는 고정관념을 버리고 될 수 있으면 많은 것을 가지세요. 용기를 내서 한 걸음 더 내디뎌 보세요.

⑤ 책임기 | 강한 정신력과 노력으로 승부
성공 스토리가 현실로!

긍정적인 면

❂ 책임감
해결해야 할 문제가 산적해서 힘들다고 생각할지 몰라요. 하지만 결코 포기해서는 안 됩니다. 지금 당신은 시간과 돈, 인맥, 능력 등 자신에게 부족한 부분만 보이기 때문에 성공에 대한 불안함이 있을 거예요. 무언가를 얻기 위해서는 책임과 각오가 필요합니다. 어쩌면 책임을 져야 할 일이 생길 수도 있습니다. 그러니 후회하는 일이 없도록 경솔한 말과 행동은 조심하세요. 정상에 올라야만 보이는 멋진 풍경이 있습니다. 그 풍경은 정상까지 오른 사람만이 볼 수 있지요. 당신도 마지막까지 최선을 다하세요.

❂ 실행력
어떤 일이든 노력한 만큼의 결과가 나오기 쉬울 때입니다. 아마 당신도 느끼고 있을 거예요. 이 시기는 책임감, 자신감, 높은 목표, 리더십과 같은 단어를 명심하세요. 지금 버틴 결과가 훗날 당신의 평가로 이어집니다. 인생을 변화시킬 기회도 찾아올 거예요. 만약 당신이 아무리 노력해도 평가를 제대로 받지 못하거나 지금 일하는 곳에 장래성이 보이지 않는다면, 과감하게 다른 직장을 찾아보는 것도 좋아요.

❂ 성 장
지금보다 한 단계 더 스킬을 향상하기 위해서는 배움과 성장이 중요합니다. 자신의 가치를 높이기 위해 세미나에 참가하거나 자격증 취득, 승진 시험 등에 적극적으로 도전하세요. 만약 당신의 능력을 넘어서는 업무를 맡더라도 겁내고 있을 상황이 아닙니다. 망설이지 말고 받아들이세요. 이 시기는 일의 범위가 확장하는 크기에 따라 날아드는 기회의 크기도 달라집니다. 만약 좀처럼 기회가 오지 않는다면 상사와 의논하는 등 능동적으로 나서서 자신의 가능성을 넓히세요.

❂ 끈끈한 정
커플은 슬슬 결혼 이야기가 나올 수도 있습니다. 그만큼 이 시기는 장래에 대해 구체적으로 생각할 때입니다. 이미 결혼한 사람은 임신이나 내 집 마련, 아이나 부모 부양과 같이 장래에 관해 이야기할 기회가 많아질 거예요. 남자친구나 가족과의 정을 돈독하게 다지기에 좋습니다. 함께 여행을 떠나거나 맛있는 음식을 먹으러 가는 등 오래도록 기억에 남을만한 추억을 많이 만드세요. 여행의 추억을 앨범으로 남겨두는 것도 좋습니다.

부정적인 면

❂ 함정

사랑보다 일이 우선일지도. 일에 충실하고 사랑을 소홀히 하는 사이에 시간이 훌쩍 흘러버려서 조급한 마음이 들 수도 있어요. 정신을 차려보니 나쁜 남자한테 홀렸다거나 상대적으로 만나기 편한 기혼자를 통해 외로움을 달랬다거나 하는 상황이 벌어지지 않도록 조심하세요. 단시간에 집중적으로 연인 찾기에 나서지 말고, 평소에 연애 엔진을 고속으로 회전시켜두세요. 고목이 되도록 너무 오래 연애를 쉬고 있던 탓에 연애의 필요성을 못 느낀다고 속단하기에는 아직 이릅니다. 고목에도 꽃이 피는 법이니까요.

❂ 동기부여 저하

업무량이 너무 많다거나, 상사와 부하 사이에 끼어 이러지도 저러지도 못하는 등 여기저기 휘둘리며 기분도 의욕도 바닥. 무슨 일에도 의욕이 생기지 않고 쓸데없는 공상만 하며 굶기를 밥 먹듯이 하고, 옷차림도 대충대충 하고 지내는 건 아니겠죠? 평일에는 인터넷이나 텔레비전을 보면서 허송세월 보내지 말고 되도록 빨리 잠자리에 드는 게 좋아요. 다만, 피곤하더라도 적당한 운동으로 수면의 질을 높이면 좋겠죠.

❂ 판단오류

'이 정도면 괜찮겠지'라는 안이한 판단은 금물입니다. 작은 실수라도 쌓이면 당신의 평가에 큰 영향을 미치게 되니까요. 바쁠 때일수록 더 실수가 없도록 '보고, 연락, 의논'하는 일을 기억해 두세요. 후배나 주위 사람들과도 대화가 단절되지 않도록 당신이 먼저 다가가 말을 걸거나 간식을 챙겨 주면서 훈훈한 분위기를 만들어 보세요. 평소에 주변 사람과의 관계를 원만하게 해두면, 작은 실수가 생겼을 때 애교로 넘어가 주는 정도는 기대할 수 있겠죠.

❂ 트라우마

과거의 실패가 트라우마가 되어 현재의 일이나 연애에 소극적이진 않나요? 과거는 과거일 뿐, 부정적인 사고를 버리고 현재에 충실하면서 자유롭게 사세요. 과거에 얽매여 시작을 두려워하거나 실패가 걱정되어 행동까지 소극적으로 변한다는 건 터무니없는 일이잖아요. 당신 앞에는 언제나 선택지가 많아요. 욕심을 마음속에 담아두지 마세요. 당신이 포기하지 않는 한 과거의 실패는 실패가 아니라 단지 필요한 과정일 뿐이니까요.

6 지원기 | 주변에 서포트 해주는 사람이 늘어나고 마음의 여유가 생길 때

긍정적인 면

❖ 어드바이스
고민이 있다면 가까운 사람과 의논하세요. 같은 상황을 경험한 적 있는 사람이나 제삼자의 의견을 통해 눈이 번쩍 뜨이는 해결책을 얻으면서 불안함도 누그러질 거예요. 가볍게 이야기하기만 해도 좋은 정보를 얻을 수도 있고, 조력자나 협력자가 나타날 수도 있습니다. 무리하지 않는 선에서 사람들을 만나거나 도움을 주고받는 것이 당신에게 재산이 됩니다. 극단적으로 사람들을 피하지 말고 받아들이는 마음을 가지세요. 분명 나중에 큰 도움이 될 거예요.

❖ 성 실
당신을 지지하고, 금전적으로 투자해 줄 후원자가 나타나는 등 좋은 만남이 많은 시기입니다. 하지만 그런 든든한 도움의 향방도 지금까지 보여 온 당신의 태도와 앞으로의 자세에 달려있어요. 마음에 들지 않는 사람에게 냉정한 태도를 보이거나 건방진 말을 하지는 않나요? 능력 있는 매는 발톱을 숨긴다는 말처럼 정말로 우수한 사람은 자신의 지성이나 능력을 자랑하지 않습니다. 스스로 적을 만들고 있는 건 아닌지 차분히 생각해보세요. 무엇보다 성실함이 가장 큰 무기입니다.

❖ 해 결
일을 하다 난관에 부딪혔을 때는 부모나 상사, 선배 등 연배가 높은 사람들에게 기대세요. 분명 당신에게 구원의 손길을 내밀어 줄 겁니다. 내용이 심각하다면 되도록 빨리 전문가와 상담하세요. 이 시기에 부정함이나 불성실함이 드러나면 당신의 명예에도 큰 타격을 줍니다. 조기대응으로 빨리 회복해야 합니다. 한편 일이나 저축, 가족 문제 등 당신이 짊어져야 할 문제와 정면승부를 해야만 새로운 시작을 맞이할 수 있을 거예요.

❖ 결 혼
솔로인 사람은 결혼 상대를 만날 수 있는 로맨틱한 운세입니다. 커플은 부모에게 인사를 드리거나 약혼을 하기도 하겠지요. 이 시기에 만나는 사람은 모두 결혼 후보자입니다. 적극적으로 모임에 참가해 미래의 배우자를 찾아보세요. 자연스럽게 결혼 분위기가 조성되어 사귄 지 몇 달 만에 결혼에 골인하거나 속도위반도 가능합니다. 결혼에는 무엇보다 기세와 타이밍이 중요하므로 복잡하게 생각하지 말고 흘러가는 대로 맡겨두세요. 외모나 설렘보다 상대의 성실함을 보고 결정하세요.

부정적인 면

❃ 부정적인 생각

본인은 최선을 다하고 있다고 생각하는데 노력한 만큼의 보람을 느끼지 못하고, 성과도 나오지 않아 초조할지도 모릅니다. 게다가 당신의 고지식함과 완벽을 추구하는 자세가 자신을 질책하면서 궁지로 몰아 위험한 상황에 빠질 수도 있어요. 불안해서 견디기 힘들 때는 부정적인 생각에서 빠져나와 잠시 머리를 쉬게 하세요. 가끔은 아무 생각 없이 쉬면서 기분을 전환하는 시간도 중요합니다.

❃ 무거운 엉덩이

혹시 누군가 만나자는데 이런저런 핑계를 대면서 거절하고 집에서 독수공방하고 있지 않나요? 이 시기는 많은 사람과 깊은 인연을 맺어야 해요. 당연히 당신의 수용 자세가 중요합니다. 연애는 혼자서 할 수 있는 것이 아니고 비즈니스 또한 주위의 서포트나 의견을 같이하는 사람들이 있어야 합니다. 인간은 사회적 동물이다 보니 늘 누군가와 관계를 맺고 살아가야 하지요. 때로는 다른 직업의 사람들과 어울리거나 낯선 모임에 참여하는 가벼운 스텝도 필요하답니다. 마음이 내키지 않더라도 잠시 참석해보거나 당신에게 맞는 커뮤니티를 찾아보는 등 부지런히 움직이세요.

❃ 불성실

성실함이 요구되는 때입니다. 당신의 말과 행동 하나하나가 당신에 대한 평가로 이어질 수 있으니 항상 조심해야 합니다. 심술을 부리거나 적당히 하지 말고 책임감 있는 태도를 보이세요. 내년은 24년에 한 번 오는 '애정기'이고, 그다음 해부터는 많은 기회가 찾아오는 황금 존이 시작됩니다. 앞으로 몇 년간은 인생에서 가장 눈부신 행복한 시기가 될 거예요. 그런 중요한 시기에 신뢰를 잃으면 손해가 너무 크겠죠. 아무리 사소한 일이라도 대충 하지 말고 최선을 다해 성실하게 임하세요.

❃ 내향적

자신이 수줍음을 많이 타는 내성적인 성격이라면 갑자기 그 성격을 바꾸기는 어렵겠지만, 의식적으로 조금씩 변화를 시도해보세요. 대화는 밝은 주제로 선정하고, 가능한 한 부정적인 표현이나 무거운 화제는 피하는 게 좋습니다. 무리해서 이야기꾼이 되지 않아도 괜찮아요. 세상에는 자신의 이야기를 들어주길 바라는 사람이 더 많으니 그 역할을 당신이 해주는 것도 좋겠죠. 물론 혼자만의 시간도 중요하지만, 가끔 사람들과 어울리다 보면 좋은 자극도 받을 수 있답니다. 관심이 있는 이벤트에서 비슷한 취미를 가진 사람들과 만난다면 한결 어울리기 쉬울 거예요.

7 애정기 | 24년에 한 번 오는 애정 최고조!
사랑과 행복에 둘러싸이는 한 해가 될 거예요

긍정적인 면

♛ LOVE
24년에 한 번밖에 오지 않는 '사랑의 해'입니다. 당신 주위에 늘 사랑이 넘쳐나는 해가 될 거예요. 연애에는 나이 차이나 환경, 직업, 국적 모두 상관없어요. 좋아하면 앞만 보고 돌진하세요. 이 시기는 누구든, 어디서든 사랑의 마법에 걸릴 수 있답니다. 이해타산이나 흥정은 사랑을 멀어지게 할 뿐이에요. 주변의 눈치만 보면서 벽을 쌓고 지내기엔 시간이 너무 아깝습니다. 유럽 여성들처럼 나이와 상관없이 연애를 즐겨보세요.

♛ 우 연
당신 주위에는 언제나 사랑의 큐피드가 있습니다. 통근이나 통학하는 길, 자주 가는 카페나 거리, 사무실 등 사랑할 기회는 어디에든 널려 있어요. '우연이 필연'이라는 말처럼 모든 만남에는 나름의 의미가 있습니다. 연인후보자를 찾기에 앞서, 우선 마음이 잘 맞는 친구부터 상상해보세요. 지나치게 상대를 의식하다 보면 긴장하게 되어 오히려 자연스러운 연애의 시작을 방해하겠죠. 갑자기 두 사람만 남는 당황스러운 상황을 만들지 말고 조금씩 거리를 좁혀가세요. 사랑으로 고조된 행복한 감정은 좋은 호르몬을 발산시켜 여성을 아름답게 만든답니다. 짝사랑이라도 상관없으니 일단 연애를 즐기세요.

♛ 미 소
평소에 이성을 만날 기회가 적은 사람은 소개팅이나 동호회에 나가보는 등 적극적으로 노력해보세요. 24년에 한 번 오는 사랑의 해! 지금까지 연애를 즐기지 못했다면 더욱 이 기회를 이용해 도전해야죠. 유달리 사랑이 충만한 해이니 당신이 먼저 적극적으로 이성에게 어필하는 것도 좋습니다. 지금 하지 못하는 연애는 앞으로도 하기 어려울 가능성이 큽니다. 나중에 연애 한번 해 본 적 없는 인생이라고 후회하지 않도록 연애에 모든 것을 걸겠다는 각오를 하세요. 웃으면 웃는 만큼 더 많은 사랑이 당신 곁으로 다가옵니다.

♛ 신 뢰
남자친구와 좋은 관계를 형성하는 시기입니다. 함께 있으면 편하고, 마음이 평온해지므로 결혼을 생각하거나 아이를 갖고 싶다는 마음이 생기기 쉬울 거예요. 그 감정에 제동을 걸지 말고 상대도 그렇게 생각하는지 넌지시 확인해보세요. 그가 당신과 평생 함께할 결심을 할지 안 할지는 당신의 태도에 달려 있습니다. 무작정 기다리지 말고 그가 진지하게 장래를 생각해보도록 시간을 주세요. 지금은 미래를 예측할 수 없는 연애는 청산하고 결혼을 전제로 진지하게 교제할 수 있는 사람을 만나야 한답니다.

부정적인 면

❀ 건망증
이 시기는 연애에 정신이 팔려 마감일을 깜빡하거나, 무심코 실수하는 일이 없도록 공과 사를 확실히 구분해야 합니다. 또 갑작스럽게 시작된 로맨스나 결혼, 임신이 너무 기쁜 나머지 같은 처지에 있던 친구가 궁금해하지도 않는 당신의 연애사를 자랑하거나, 친구에게 연애에 관한 충고를 하면 우정에 금이 가는 위기를 맞게 될 거예요. 연애가 잘 되어갈 때는 다른 사람의 시샘을 받지 않도록 자신의 행복한 이야기는 마음에 담아두세요.

❀ 너그러움
연애뿐만이 아니라 직장에서도 좋은 상사와 동료들을 만날 수 있습니다. 반대로 불편한 상사나 성격이 잘 맞지 않는 동료와 한 팀이 되는 일도 있을 거예요. 어떤 상황이라도 상대를 비판하거나 예의에 어긋난 태도를 보이면 그 영향을 계속 받게 됩니다. 상대가 누구든 존경하는 마음과 애정으로 대하세요. 당신의 그러한 태도가 상대를 변화시키고 당신에 대한 평가도 높아지게 할 거예요. 이 시기에는 애정이 당신을 성장시킵니다. 너그러움과 인내가 필요합니다.

❀ 진심
사랑을 흥정하려는 우스운 행동은 하지 마세요. 사귀는 사람도 없으면서 약지 손가락에 반지를 끼고 다니거나, 만나자는 문자에 선심 쓰듯 늦게 답장을 보내거나, 바쁘지도 않으면서 바쁜 척하는 행동은 주변 사람들에게 성가신 사람으로 각인될 뿐이에요. 마찬가지로 남자친구의 사랑을 확인하고 싶다고 호감이 가는 다른 이성이 있는 것 같은 뉘앙스를 풍겨 질투심을 유발하려고 하면 오히려 역효과가 날 거예요. 좋아하는 사람에게는 솔직하게 대하세요. 자포자기한 심정으로 이별을 비장의 카드로 사용하는 일도 위험하니 이별을 말할 때는 신중하게.

❀ 위험한 놀이
이 시기에는 사랑받고 싶은 마음이 강해지다 보니 자신의 욕망을 이기지 못하고 일시적인 쾌락에 빠지기 쉽습니다. 가벼운 기분으로 만난 유부남에게 빠져 몸을 망치거나, 혹은 가정을 가진 당신이 금기된 사랑에 질주하다 모든 것을 잃고 난 후에 정신을 차리는 불행한 일이 생기지 않도록 올곧은 판단과 선택을 해야 합니다. 오래 만난 연인과는 매너리즘에 빠지지 않도록 그에게 감동을 주는 이벤트를 준비해보세요.

| 유명인 포춘 사이클 |

마인드 넘버

킴 카다시안
(Kim Kardashian)

기회를 붙잡은 리얼리티 방송 스타

미국 출신의 모델 겸 배우, 리얼리티 쇼를 진행하는 방송인이자 셀러브리티인 킴 카다시안. 그녀는 교제 중이던 유명 가수와의 섹스 동영상이 유출 판매되면서 갑자기 유명인이 되었습니다. 그전까지는 유명 셀럽의 쇼핑을 돕는 위치였는데, 이 영상으로 미국 남성들의 섹시 리스트 반열에 오르게 됩니다. 그 덕분에 가족의 하루를 밀착해서 찍는 리얼리티 방송은 회를 거듭할수록 인기가 높아졌지요. 그러다 보니 그 영상을 유출한 사람이 킴 카다시안 본인이 아니냐는 뿌리 깊은 소문이 생기기도 했습니다.

누구에게나 인생은 단 한 번뿐!
동영상 유출 사건으로 인해 그래미상을 21번이나 받은 히트 메이커 카니예 웨스트(Kanye West)가 그녀를 보고 첫눈에 반합니다. 사실 킴 카다시안은 결혼을 두 번 했는데, 두 번째 결혼은 겨우 72일 만에 이혼 절차에 들어가지요. 그녀는 이혼 절차 중에도 그녀를 이상형이라고 말한 카니예 웨스트에게 접근하여 그와 바로 교제를 시작하여 세 번째 결혼에 골인합니다. 32살 '책임'의 해에 첫 딸을 출산하고 둘째를 간절하게 원했지만, 아이가 생기기 힘든 체질이라는 것을 알게 되며, 의사와 상담하면서 노력한 결과 34살 '애정기'에 두 번째 임신을 발표합니다.

'애정 수확 존'은 실연을 해도 다른 곳으로 눈을 돌리면 새로운 사랑이 기다리고 있거나 스피드 결혼을 하는 등 경사스러운 일이 생길 가능성이 정말 큰 구간입니다. 그러니 포기하지 말고 적극적으로 행동하세요!

마인드 넘버

조지 클루니

(George Timothy Clooney)

영원한 독신 귀족이라 불리는 조지 클루니
두 번의 결혼은 모두 애정 수확 존

희대의 독신 귀족이라고 불리어 온 미국의 인기 배우 조지 클루니. 나이가 들수록 중후한 멋이 더해지면서 인기도 계속 상승하고 있습니다. 그는 드라마 배우로 시작해 할리우드 스타가 되기까지 어느 정도 시간이 필요했습니다. 메디컬 드라마 'ER'에서 다혈질 소아과 의사를 연기하면서 그 캐릭터와 부드러운 얼굴로 수많은 여성 팬을 획득, 이후 영화배우로 전환해 본격적인 활동을 시작합니다.

그는 아직 유명해지기 전인 28살 때 2살 연상의 여성과 결혼합니다. 이때가 '결실'의 해입니다. 그러나 4년도 채 안 되어 결혼 생활은 파탄이 나고, 할리우드로 활동영역을 옮긴 후 여배우 르네 젤위거를 시작으로 리포터나 프로 레슬러 등 연애 상대가 끊이질 않았습니다. 첫 번째 결혼이 트라우마가 된 건지, 사귀던 여자 친구가 매스컴과의 인터뷰에서 성급하게 결혼 이야기를 꺼내면 바로 헤어져 버리곤 했지요. 좋게 말하면 결혼에 신중하다 할 수 있고, 나쁘게 말하면 결혼에서 도망치고 있던 그가 국제 인권 변호사인 아말 알라무딘과는 한 치의 망설임 없이 결혼합니다. 53살 '책임'의 해에 두 번째 결혼을 결심한 것이지요. '책임'의 해는 남성이 먼저 프러포즈를 하기 쉬울 때입니다. 조지 클루니의 두 번의 결혼은 모두 '애정 수확 존'이었습니다.

이처럼 남성에게는 일을 중시하고 싶은 시기와 결혼과 아이에게 적극적인 타이밍이 있습니다. 자기 일에 최선을 다하고 있는 그에게 부담을 주면 오히려 역효과가 날 수도 있으니 확실한 타이밍을 잘 지켜보세요.

황금 ZONE

| 8 돌진기 | 9 균형기 | 10 사려기 | 11 기회기 | 12 실력기 | 5년간

드디어 인생의 황금기가 도래했습니다. 이 시기는 포춘 사이클 안에서도 1, 2위를 다툴 정도로 중요한 때입니다. 인생의 중대한 전환점이라 해도 과언이 아니지요. 이 시기에 하는 일과 선택이 앞으로의 인생에 엄청난 영향을 미치게 되니 후회하는 일 없도록 보내야 합니다. 전직, 사업, 부업, 유학, 학문을 더 깊게 공부하는 등 여하튼 가만히 있어서는 안 됩니다. 수동적인 자세로는 아무것도 시작할 수 없어요. 당신이 행동을 일으키기만 한다면 필요한 사람과 반드시 만날 수 있고 기회도 올 것입니다. 힘든 문제가 발생했다고 고민하거나 베갯잇만 적시고 있을 시간이 없어요. 당신의 강력한 소망만이 행운의 열쇠입니다.

Happy to do list

☼ 대담한 행동이 한 단계 성장으로

이 시기는 24년 중에 한 번뿐인 '기회'가 눈앞에 있는 때이므로 무슨 일이든 공격적인 자세가 중요합니다. 지금까지 고민하거나 보류해온 일은 이 시기를 이용해서 적극적으로 마무리해보세요. 사랑도 일도 돌진이 키워드입니다. 일단 해보고 깨지겠다는 마음으로 전진하면 좋은 결과를 얻을 수 있을 거예요. 연애는 그가 적극적인 행동을 보이지 않으면, 당신이 먼저 데이트 신청을 하거나 다가설 방법을 찾아보세요. 상대의 연락이나 행동을 망부석처럼 기다리기만 해서는 아까운 시간만 낭비할 뿐입니다. 대담한 행동이 새로운 세계의 문을 열어 줄 거예요. 어떤 상황에서도 절대 기죽지 마세요. 당당한 자신감으로 부딪히세요.

❂ 균형

'일과 연애', '육아와 자기 시간' 등 두 가지 일을 균형 있게 조절하는 생활이 키워드입니다. 어느 한쪽에만 비중을 두기엔 어렵게 맞이한 황금기가 너무 아깝습니다. 왜냐하면, 이 시기에는 두 가지 모두 손에 넣을 수 있기 때문입니다. 만약 지금 두 가지를 소유하지 못했다면 내실을 다지고 싶은 일이 없는지 생각해보세요. 그리고 그 일에 시간과 공을 들이세요. 그러면 당신이 원하는 두 가지에 둘러싸여 행복하게 지낼 수 있을 거예요. 일만 하면서 자기 시간을 제대로 갖지 못해도 운이 안 좋아집니다. 황금기를 열정적으로 보내기 위해서라도 리조트에서 여유로운 시간을 보내거나 피부 관리를 받으면서 재충전할 시간을 만들어야 합니다.

❂ 자신을 억누르지 말고 '나답게'

24년에 한 번 찾아오는 기회의 시기. 지금까지 최선을 다해온 일이 드디어 어떤 형태로든 드러나는 때입니다. 마음을 열고 모든 일이 긍정적으로 작용하는 것을 느껴보세요. 당신이 느꼈던 열등감은 주위에서 보면 오히려 멋진 매력 포인트일 겁니다. 만약 과거의 일로 괴로워하거나 고민하고 있다면 일단 그 무거운 마음을 접어두고, 긍정적이며 즐거워질 수 있는 일만 생각하세요. 그러면 반드시 행운 체질로 바뀌면서 행복의 연쇄작용이 시작될 거예요. 이보다 더 좋을 수 없을 만큼 최고의 시기이니 부정적인 말은 한마디라도 하지 마세요. '어차피', '하지만', '왜냐하면'과 같은 부정적인 단어는 부정적인 결과를 가져올 뿐이거든요. 또 주위의 의견에 절대 휩쓸리지 마세요. 사람들의 의견보다 자기 생각이 가장 중요하니까요. 당신이 진심으로 원하는 일이 미래로 이끌어줍니다. 이 시기는 독립이나 개업 등 큰 비즈니스 제안이 있을 때이기도 하니 자신의 목표나 꿈을 명확히 해두세요. 목표는 명확하면 할수록 이루기 쉬워지니까요.

❂ 참지 말고, 원하는 것을 손에 넣는

황금 존은 지위나 명예를 확실히 얻을 수 있는 시기이므로 참는 건 금물. 연인이든 경력이든 원하는 건 뭐든지 적극적으로 좇아가세요. 일에서도 실력을 인정받을 시기라서 승진이나 스카우트 제의가 있을지도 모릅니다. 이럴 땐 자신감으로 자신을 어필해야 합니다. 평소에도 자세를 바로잡고 자기 의견을 분명하게 말하세요. 황금기에는 각종 정보를 얻을 수 있는 휴대전화와 컴퓨터가 더러워지거나 액정이 깨져있으면 좋은 기운을 떨어뜨리므로 깨끗하게 관리해야 합니다. 연애는 프러포즈를 받거나 새로운 사랑이 싹틀 때. 주변에 신경 쓰지 말고 과감하게 행동하세요. 상대를 애태우는 어설픈 방법도 이 시기에는 봉인해 두세요. 허튼짓으로 뜸을 들이는 사이에 소중한 기회가 사라져버릴 수도 있으니 대답은 최대한 빨리하세요.

8 돌진기 | 적극적으로 움직이면 운명이 열리는 시기
수동적인 인생이 아닌, 공격적인 자세로

긍정적인 면

❋ 승리

고생 끝에 낙이 온다고, 지금까지 고생하고 투자해온 보람을 느끼고 결과를 실감할 때입니다. 당신의 노력이 상사에게 인정받고 후배에게는 선망의 대상이 되겠죠. 분한 마음이나 지지 않겠다는 근성이 당신의 삶을 이끄는 원동력이 됩니다. 현 상태에 만족하지 않고 더 성공하고 싶다는 야심이 당신을 강하게 만들 거예요. 무난함과 평범함은 오히려 좋은 기운을 방해합니다. 이왕 할 거면 끝까지 제대로 해서 사람들을 놀라게 하세요. 지금 당신에게는 자신감이라는 갑옷이 필요합니다.

❋ 공격 자세

연애에 성공하려면 공격적인 자세가 필요합니다. 오직 행동만이 중요할 뿐이죠. 미팅이나 이벤트, 연구회 등에 적극적으로 참여하면 연애 운이 좋아질 거예요. 좋아하는 사람이 생기면 수줍어하지 말고 솔직하게 당신의 마음을 전하세요. 행동력이 결실을 거둘 때이니 한 사람에 국한하지 말고 마음에 드는 사람이 있다면 누구든 가볍게 식사와 데이트를 즐겨보세요. 커플은 원거리 데이트를 하면 그동안 몰랐던 서로의 모습을 알게 될 겁니다. 직장에서도 연봉을 올리고 싶다면 기회를 발견했을 때 당신의 장점을 분명하게 피력하면 좋을 거예요.

❋ 돌 진

당신이 원하든 원치 않든 매우 바빠질 것 같습니다. 지금과는 다른 분야의 업무 의뢰가 들어오거나, 새로운 파트너와 일을 시작하거나, 출장 갈 일이 많아지는 등 눈코 뜰 새 없이 바쁘게 뛰어다닐 거예요. 이 시기의 다망함은 당신을 널리 알릴 기회입니다. 기죽지 말고 어떤 제안이든 받아들이세요. 연애도 일과 동시 진행하면서 절대로 놓치지 마세요. 서로에게 의존하는 연애는 좋지 않아요. 장거리라도 전혀 문제없을 정도의 신뢰와 안정감만이 연애를 유지하는 비결입니다.

❋ 전 진

자신감이 생기면서 어떤 일이든 적극적으로 행동하게 됩니다. 당신의 마음이 지시하는 대로 도전해보고 싶은 일은 과감하게 도전하세요. 당신의 활력은 주변 사람에게도 좋은 영향을 줄 거예요. 앞으로 당신이 살아갈 인생 중 지금이 가장 젊다는 마음으로, 나이나 직업, 생활환경에 상관없이 현재를 즐기세요. 정력적으로 살다 보면 즐거운 만남의 기회도 생길 거예요.

부정적인 면

✿ 폭주

제동이 걸리지 않아 점점 폭주하다가 주변 사람들에게 민폐를 끼칠 수도 있습니다. 분노를 억제하지 못하면 냉정하고 침착한 판단을 내리기 어렵습니다. 화가 나면 우선 심호흡을 한 후, 가까운 사람에게 이야기하면서 해결책을 구해보세요. 직장에서 히스테리를 일으키면 당신의 고립을 초래하게 되고, 남자친구에게 화풀이하면 이별의 원인을 제공할 뿐입니다. 아로마 오일로 호흡을 안정시키거나 힐링 문구를 되새기며 냉정함을 찾는 등 자신만의 감정 조절 방법을 모색해두면 좋을 것 같아요.

✿ 넉 다운

능동적으로 움직이는데, 몸이 따라주지 않거나 잠을 자도 피로가 가시지 않는 등 몸이 무겁고 나른한 날이 계속됩니다. 완전히 방전되어 쓰러지기 전에 내 몸의 소리에 귀를 기울이세요. 몇 날 며칠 기침이 멈추지 않아 몸에 위화감이 느껴지면 무조건 병원으로 가세요. 컨디션이 좋지 않은 상태로 일하면 주위 사람들에게도 불편을 주게 되니까, 조기 대응하는 편이 병도 빨리 나을 수 있습니다. 또 자신의 감정을 지나치게 억눌러서 정신적 균형감을 잃지 않도록 조심하세요. 때로는 슬픈 영화나 드라마를 보면서 눈물을 흘리고 감정을 리셋하는 방법도 효과적입니다. 눈물은 훌륭한 셀프 힐링의 도구니까요.

✿ 초조함

뭔가를 하려고 해도 의욕이 생기지 않거나 초조해지면서 기분이 좋지 않다면 몸 상태도 다르지 않을 겁니다. 컨디션이 안 좋다고 주변 사람들의 사소한 말과 행동에 신경을 곤두세우지 말고 평정심을 유지하세요. 취미 활동을 통해 감정을 정화하고 스트레스의 원인을 밝혀 몸 안의 독소를 배출하세요. 자신의 몸을 어루만져 주는 것으로도 마음이 편안해질 수 있으니 스파나 마사지를 받는 것도 좋은 방법이겠죠. 부디 자신만의 스트레스 해소법을 찾으세요.

✿ 빚

이 시기에는 충동구매나 물욕에 주의하세요. 갖고 싶은 욕망을 억누르지 못하거나, 상점 점원의 상술에 넘어가 값비싼 물건을 사게 되는 일도 있으니 돈 관리를 철저하게 하세요. 정신을 차려보니 잔액이 하나도 없는 상황이 되기 쉬울 때입니다. 필요 이상의 현금이나 카드는 가지고 다니지 않도록 하고, 용도가 명확하지 않은 지출이 발생하지 않도록 효율적인 관리가 필요합니다.

⑨ 균형기 | 무슨 일이든 균형감을 지키면 얻는 이득도 많을 때

👑 긍정적인 면

✿ 2 또는 둘

이 시기에는 국내와 해외, 본업과 부업, 두 개의 기획 등 동시에 두 가지를 해내는 능력이 요구됩니다. 키워드는 '둘'로 모든 일을 균형감 있게 하려는 의식이 필요하죠. '일과 사생활, 하고 싶은 일과 하고 싶지 않은 일' 등 한쪽에만 비중을 두면 두 가지 모두 잃을 위험이 있습니다. 이 시기는 두 마리 토끼를 잡겠다는 강한 의지로 두 마리 모두 잡아야 합니다. 항상 균형 잡힌 저울을 상상하면서 양립을 목표로 하세요.

✿ 유학

과감하게 유학을 가거나 생활기반을 해외로 옮기는 등 두 개의 나라를 왕래하는 것도 권합니다. 망설이지 말고 행동하세요. 두려워할 필요 없어요. 자신이 결정한 일이라면 그 결단은 당신을 성장시키고 자신감을 가져다줄 거예요. 국내에서 외국어 공부에 전념하거나, 인터넷으로 수업을 듣거나, 한국에 거주하는 외국인과 친하게 지내며 새로운 지인을 만들어 보세요. 행복한 변화로 이어집니다.

✿ 공정

이 시기에 당신은 특히 공정한 태도를 보여야 합니다. 직장에서 마음에 들지 않는 사람을 따돌리거나 일방적으로 누군가의 편을 들거나 남성에게만 친절하다거나. 만약 그런 행동을 하면 부메랑이 되어 돌아와 당신의 발목을 잡을 수도 있습니다. 궁지에 몰렸을 때 모든 사람이 외면하고 졸지에 낙동강 오리 알 신세가 되지 않도록 행동을 조심하세요.

✿ 희망

프로젝트, 부업, 가정 등 동시에 진행해야 할 일이 너무 많아서 뭐부터 해야 할지 막막해지고, 당신의 상황에 의구심마저 품게 될 수도 있습니다만, 이 시기는 공사다망함이 당신을 성장시키는 계기가 됩니다. 자기 나름대로 생활 리듬을 찾고 일정을 정리하면서 맡은 일을 완수해낼 방법을 궁리하세요. 시간은 누구에게나 공평하게 주어지지만, 어떻게 사용하느냐에 따라 인생이 달라집니다. 시작부터 불가능하다고 단정 짓고 미리 포기하는 일은 없도록 해야겠죠.

부정적인 면

✿ 외도

이 시기는 정의감으로 판가름 나기 쉬운 해입니다. 지금까지 몰래 즐겨온 외도나 불륜이 드러나 되돌릴 수 없는 상황에 이를 수도 있습니다. 친구에게 보낸 메시지가 잘못 보내져 생판 모르는 사람들 사이에 퍼질 수도 있으니 신중하게 확인하세요. 그 외에도 당신의 도덕관이 의심되는 말과 행동이 온 천하에 드러나 머리를 싸매야 할 문제로 발전할 수 있으니 더욱 조심하세요.

✿ 양다리

이 시기의 연애는 진심으로 만날 의사가 있는 사람에게만 다가가세요. 많은 이성이 당신에게 호감을 보이더라도 모두에게 잘 보이려고 하거나 아슬아슬한 연애 모험을 즐겨서는 안 됩니다. 당신의 소문이나 평판이 안 좋아질 수 있고 가벼운 여자라는 오해를 살 수도 있습니다. 상대를 가볍게 생각하고 있었는데, 오히려 상대가 당신을 즐기는 대상으로 생각할 수도 있어요. 이 시기는 유혹이 많을 때이지만, 정말 소중한 사람을 잃고 싶지 않다면 양다리는 금물입니다!

✿ 소문

'입은 재앙의 근원'이라는 말이 있습니다. 당신이 아무 생각 없이 내뱉은 말이 당사자 귀에 들어가 난처한 상황이 되는 등 가벼운 입이 화근이 되기 쉬울 때거든요. 당신은 아무 말도 하지 않았는데, 그 자리에 함께 있었다는 이유만으로 연대책임을 물어야 하는 불편한 처지에 놓일 수도 있습니다. 이 시기에는 타인의 분쟁이나 뒷담화 세계에는 얼씬도 하지 마세요. 자연스럽게 자리를 피하거나 평범한 이야기로 화제를 돌려서 되도록 부정적인 이야기에는 끼어들지 마세요.

✿ 불안정

몸과 마음이 안정된 상태일 때는 의욕과 활력이 넘치며 세상에 무서울 게 없지만, 반대로 실패하거나 자신감을 잃게 되면 불안해집니다. 이 시기는 감정의 기복이 심해져 일과 연애, 대인관계가 불안정해지면서 필요 이상으로 장래를 비관하기 쉬워져요. 특히 보름달 전후에는 마음의 위태로움이 심해질지도 모릅니다. 기분이 가라앉을 때는 일찍 잠자리에 들거나 느긋하게 보내면서 불안한 마음이 다음 날까지 이어지지 않도록 하세요. 다른 사람을 부러워하는 마음이 들 때는 자신의 감정 조절에 더 주의해야 합니다.

10 사려기 | 24년에 한번 오는 '기회기'를 대비해서 하나씩 하나씩 성실하게 준비할 때

긍정적인 면

❂ 준 비
격류처럼 휘몰아치던 기운이 한순간 조용해지면서 안정됩니다. 하지만 그런 갑작스러운 변화로 미래에 대한 불안을 느낄 수도 있어요. 지금은 내년에 올 '기회기'를 준비하는 시간입니다. 당신이 간절히 바라던 기회를 잡을 수 있다고 믿고 평정심을 유지하세요. 이 시기부터 바동바동 움직이면 오히려 역효과만 날 뿐이에요. 조용히 내실을 다지며 연계 고리를 만들어두거나 저축 등 기초 준비를 철저히 하면 됩니다. 초조함은 금물. 꿈을 실현하기 위한 사전 조사도 철저하게 해두세요.

❂ 내 실
내년을 위한 준비 기간. 지금까지 해온 것처럼 앞뒤 없이 행동하지 말고, 내년을 위해 충실하게 씨를 뿌리는 기간이라고 생각하세요. 놀기에 바빠 준비를 뒷전으로 미루다 가는 몇 년 만에 찾아온 멋진 기회를 놓칠 수도 있습니다. 실력 부족으로 제안 받을 기회조차 얻지 못하는 서글픈 상황이 되지 않도록 철저하게 준비하세요.

❂ 꿈
내년은 당신의 꿈을 이룰 큰 기회가 찾아오는 해이므로 꿈의 실현을 위한 준비를 해야 합니다. 꿈을 강하게 의식하려면 목표를 써서 잘 보이는 곳에 붙여두는 것도 좋은 방법이겠죠. 이루고 싶은 소망을 막연하게 생각하기보다는 좋은 기운을 불러온다는 상상을 하면서 당신 스스로 답을 찾아내세요. 실력은 '이 정도면 괜찮다'라는 자기만족으로 끝나는 것이 아니라 상대가 평가해줄 때 비로소 인정받는 것이죠. 누구나 인정할 만한 능력을 키워 당신의 꿈을 이루세요.

❂ 생 각
차분히 생각한 후에 미래를 위해 행동하세요. 일하는 방법, 저축, 연애 등도 막연하게 생각할 게 아니라 앞으로 어떤 인생이 기다리고 있을지 구체적인 현실을 직시하세요. 예를 들면, 꿈을 실현하는 데 필요한 비용이나 조건 또는 정말로 당신이 원하는 것이 무엇인지. 지금 당면한 문제에 눈을 감고 못 본 척해버리면 나중에 위기를 불러올 수도 있습니다. '유비무환' 정신으로 발전적인 대책을 세워보세요.

부정적인 면

❂ 고독

지금까지 즐기던 화려한 분위기나 인간관계에서 벗어나 갑자기 주변이 고요해집니다. 그 차이가 크면 클수록 외로움과 고독이 깊어질 거예요. 어쩌면 친구들도 하나둘씩 당신 곁을 떠나면서 배신감마저 들 수도 있습니다. 어떤 상황에서든 변함없이 곁에 있어 주는 사람이야말로 진정한 친구이고 신뢰할 수 있는 사람이겠죠. 혼자 생각에 빠져 우울해하지 말고 지금 곁에 남아있는 친구들을 더 소중히 하세요.

❂ 계산

미래를 준비하려는 의욕에 넘쳐 인간관계나 비즈니스도 '득과 실'을 따지게 될 거예요. 하지만 득과 실로만 따질 수 없는 일도 있답니다. '알까기 전에 병아리 세지 말라'는 속담처럼 손해를 보는 것 같아도 분명 얻는 것이 있으니 성급하게 판단하지 않는 게 좋겠죠. 업무 내용에 따라 상대를 다르게 대하거나 평가하면 당신의 능력 또한 엄격한 잣대로 평가받게 될 수도 있어요. 남성도 수입이나 외모로만 판단한다면 좋은 결실을 얻지 못할 거예요.

❂ 폐쇄

지나치게 생각이 많다 보니 어렵겠다는 결정을 섣불리 내리고 마음을 닫아버립니다. 솔로는 마음에 드는 사람이 있어도 자신의 고정관념이나 선입견으로 성급하게 단정 짓고 지레 포기해 버리기도 하겠죠. 이 시기는 대담한 접근 방식보다는 자연스럽게 다가서는 편이 좋아요. 소소하게 세상 돌아가는 이야기를 나누다 함께 식사하는 등 조금씩 만나는 횟수를 늘려 보세요. 부지불식중에 친숙한 존재가 될 수 있도록 반복과 연상 작전으로 다가서 보는 건 어떨까요.

❂ 고민

커플일 경우에는 상대에 대해 복잡하게 생각하다 보면 의심만 더해갑니다. 그로 인해 사소한 일로 남자친구를 의심하거나 외로운 나머지 자신이 전 남자친구를 만나는 등 부적절한 행동을 할 수도 있어요. 상대와 확고부동한 신뢰 관계를 쌓기 위해서라도 서로의 생각을 자주 이야기하세요. 만약 상대로 인해 답답한 심정이라면 솔직하게 당신의 생각을 표현하는 것도 좋습니다.

11 기회기 | 24년에 한 번 오는 '기회기'
지금까지 해온 노력의 집대성입니다

♔ 긍정적인 면

✿ 가능성

사랑할 기회를 잡고 싶은 솔로는 새로운 만남을 찾아 사람들이 많이 모이는 곳으로 나가봅시다. 스스로 먼저 나서서 움직인다면 기회는 끝없이 날아들 거예요. 만날 사람이 없다고 애완동물이나 취미에만 애정을 쏟으면 연애 가능성은 점점 낮아집니다. 지금은 연애 기회를 잡을 수 있는 절호의 시기. 가까운 지인이나 친구에게 소개팅을 부탁하거나 비슷한 사람을 만날 확률이 높은 동호회 활동을 하는 등 만남의 기회를 늘리기 위해 노력해 보세요.

✿ 기 적

만약 진심으로 이루고 싶은 소원이 있다면 정성을 다해 기도하거나 수첩에 적어서 가지고 다니세요. 당신의 소원을 구체적으로 상상하면 긍정적인 효과를 끌어당기는 힘이 더 강해집니다. 이 시기에는 당신의 파워가 강해서 간절히 바라면 이뤄질 가능성도 큽니다. 부정적인 말이나 다른 사람을 부러워하는 말은 꺼내지 않는 게 좋아요. 24년에 한 번 오는 특별한 기회의 시기를 믿고 오로지 당신의 꿈에 집중하세요.

✿ 기 회

드디어 행운의 여신이 찾아왔습니다. 당신다운 삶을 살고 있다면 행운의 여신은 놀라운 일들을 불러올 거예요. 이 시기는 단 하루도 헛되이 보내서는 안 됩니다. 만약 당신의 명예를 훼손하는 사건이나 문제가 발생하더라도 기대하는 미래를 위해서는 중요한 일일지도 모릅니다. '위기는 기회다'라는 말을 믿고 당신에게 중요한 메시지로 받아들이세요. 포기하지 말고 모든 일에 긍정적인 자세로 임해야 합니다.

✿ 용 기

당신을 둘러싼 환경이 격변할 거예요. 그 파도에 올라타지 않으면 기회는 다른 누군가에게 넘어가 버립니다. 변화를 두려워하지 말고 용감하게 행동하면 지금까지 경험한 적 없는 즐거운 일이 생길 거예요. 전직, 독립, 사업을 생각하고 있다면 용기를 내서 시작하세요. 작년의 준비 상태가 성공의 열쇠입니다. 과거는 미래를 만듭니다. 아직 늦지 않았으니 지금 바로 움직이세요.

부정적인 면

♤ 전생의 업
교제 기간이 긴 만큼 당신은 결혼을 생각하고 있는데, 상대가 결혼을 결심하지 않는다면 미련 없이 관계를 청산하는 것도 괜찮습니다. 물론 당신에게는 어려운 결단일 테고 괴로움과 슬픔도 크겠죠. 새로운 연인을 찾는 일에 자신이 없고 귀찮아서 습관적으로 만나고 있다면 그걸로 정말 행복할 수 있을까요? 나 자신에게 물어보세요.

♤ 신경질
이 시기에 일어나는 일을 어떻게 받아들일지는 당신이 마음먹기에 달려있습니다. 행복을 느끼려 애쓴다면 달콤함을 느낄 테고 신경질적이 되면 작은 일에도 과민하게 반응을 하게 되겠죠. 변화가 크면 클수록 불안함을 느끼고 받아들여야 할지 망설여지기 마련입니다. 얼굴이 굳어져 있으면 긴장했다는 증거예요. 웃으면 복이 온다고 하지요. 한바탕 웃으면 시름도 사라지고 기분도 한결 밝아질 거예요. 안 좋은 일을 상상하면 나쁜 기운을 끌어당기게 되니 두려워하거나 싫다는 감정을 갖지 마세요. 대담해지세요.

♤ 후회
어떤 기적이든 일어날 수 있다는 마음가짐을 갖는 것이 중요합니다. 무미건조한 그의 프러포즈가 무성의하다고 지적하거나, 아직 준비가 안 됐다고 거절해버리면 다시 프러포즈 받을 일은 없을 거예요. 또 누군가가 부탁한 일을 거절하거나 조건을 붙이면 두 번 다시 당신을 찾지 않게 되고, 나중에 후회할 일이 생길지도 모릅니다. 상대의 마음을 헤아리고 그 이상의 일까지 신경 써 주는 작은 배려가 필요할 때죠. '행운의 여신은 앞머리만 있고 뒷머리가 없다'라는 교훈처럼 한 번 지나가 버린 행운은 다시 오지 않는다는 걸 명심하세요.

♤ 불안
성공의 발판이나 성과를 실감하고 싶은 마음이 강해지면서 아직 나오지 않은 결과에 대한 불안에 싸여 마음만 답답해집니다. 부정적인 생각에 빠지거나 이미 끝난 일에 계속 미련을 두기도 하겠죠. 무엇이든 끌어당기는 힘이 강한 이 시기에는 나쁜 일을 생각하면 그 일이 현실이 될 가능성도 커질 수밖에 없습니다. 아직 일어나지 않은 일에 대한 불안감이 찾아올 때는 자신을 다독거리며 나쁜 기운을 깨끗하게 정화하도록 하세요. 미리 걱정할 필요는 없습니다.

12 실력기 | 실력을 길러 다음 단계를 생각할 때

긍정적인 면

❂ 해 결
'기회기'의 좋은 기운이 계속 이어지고 있습니다. 그동안 탄탄하게 다져온 인맥이나 일, 추억의 장소에 성공 힌트가 숨어있어요. 만약 곤란한 문제에 봉착했다면 '기회기'에 얻은 것을 실마리로 해결책을 모색해보세요. '운도 실력'이라는 말처럼 행운을 붙잡는 능력도 훌륭한 재능입니다. 무엇보다 행동하는 적극성이 필요하겠죠. 다만 지나치게 욕심부리지 말고 맡은 임무에 충실하세요. 키워드는 '아침'. 저녁에는 충분히 잠을 자고 상쾌한 기분으로 아침을 맞이하세요.

❂ Brush up
이 시기는 지금보다 나은 실력으로 조금 더 높은 위치로 올라갈 토대를 만드는 해입니다. 실력기에는 기반을 굳히세요. 어렵게 다가온 기회도 실력이 뒷받침해주지 않으면 금세 본색이 드러나겠죠. 내용 또한 견실하게 갈고닦아야 합니다. 헤어나 메이크업, 옷차림도 유행을 의식하고 트렌드에 맞게 꾸며보세요. 새로운 것을 수용하는 도전 정신을 배워야 합니다. 새로운 일이나 모르는 세계에 대해 배울 기회를 즐겨 보세요.

❂ 극 복
이 시기에 당신은 분위기 메이커가 됩니다. 업무 면에서는 동료들의 적성을 파악해 잘못하는 부분이 있으면 당신이 도움을 줄 수도 있겠죠. 말만 앞서는 건 별 도움이 되지 않는다는 사실을 기억하세요. 문제가 생겼을 때 외면하고 회피한다면 결국 당신에 대한 평가로 돌아올 거예요. 트러블이 발생해도 침착하게 대처할 수 있는 마음의 여유를 가지고 극복하세요.

❂ 인 내
이 시기에 초조함은 금물. 당신이 먼저 좋아하는 상대를 쫓아다니거나 그에게 부담을 주면 역효과만 날 뿐입니다. 상대가 먼저 행동하게 만드세요. 그의 취미를 물어본 후 함께 즐길 방법을 찾아보거나 이벤트를 기획해서 그가 쉽게 데이트 신청을 할 수 있는 분위기를 연출해보는 건 어떨까요? 상대에 대한 불만이 있을 때도 말이나 문자보다 편지로 대신해보세요. 다음 날 차분한 마음으로 다시 읽어보면 감정이 누그러질 거예요. 화를 아껴두세요.

부정적인 면

❂ 공 포

시작이 있으면 반드시 끝도 있습니다. 우리는 늘 무슨 일을 시작할 때면 처음은 거창하고 지나칠 정도로 신경을 많이 쓰지만, 마무리 단계로 갈수록 그 끝에서 기다리는 결과가 두려워 시선을 피하기도 합니다. 이 시기에는 아무리 만족스럽고 편하더라도 현재에 안주하지 말고 미래를 향해 발돋움하겠다는 결심을 해야 해요. 뱀은 탈피할 때마다 성장합니다. 꼬리를 물고 있는 뱀이 불로불사를 상징하며 숭배되는 것처럼 당신도 끊임없이 낡은 허물을 벗겨내고 다음 단계로 전진하세요.

❂ 폭 언

주인공이 되기보다 주변 사람들을 도와주는 일로 당신의 장점이 돋보일 때입니다. 하지만 당신의 고마움을 모르는 사람이나 온갖 비위를 다 맞춰드려야 하는 사람 때문에 화가 나 심한 말을 내뱉기 쉽습니다. 나만 고생한다는 생각이 드는 그 순간을 조심하세요. 혼자 모든 걸 하고 있다는 오만함이 당신의 발목을 잡게 되니까요. 가족이나 연인, 가까운 지인들에게 폭언하기 쉬우니 친한 사이일수록 더 예의를 지켜야 합니다.

❂ 정신적인 압박

연애 관계를 더 발전시키고 싶은 마음에 당신이 먼저 '만나고 싶다거나, 동거, 결혼, 아이, 상견례' 등의 이야기로 부담을 주는 일은 매우 위험합니다. 상대는 아직 친구나 가족에게 소개해도 될지, 여행하면서 다투지는 않을지 등 불확실한 것투성이로 가득한 상황에 마음의 준비가 되어 있지 않을지도 모르거든요. 그가 도망가 버리지 않도록 지금은 타이밍을 살피는 게 중요해요. 그의 보폭에 맞춰주면 결국 당신의 속도대로 나아갈 수 있을 거예요.

❂ 술렁술렁

굴러들어오는 행운이나 기회는 별로 기대할 수 없습니다. 주위의 시선이나 압력을 강하게 느낄 수도 있지만, 이는 기운이 바뀌는 변화의 증거입니다. 당신의 평가도 더 혹독해질 거예요. 불안을 떨쳐버리기 위해서는 실력을 키우는 방법뿐. 성과가 요구되는 장면에서는 엄격하고 철저한 자세로 이겨내세요. 건강을 점검하고 몸매를 관리하면 자신감이 생긴답니다.

| 유명인 포춘 사이클 |

마인드 넘버

클로이 그레이스 모레츠
(Chloe Grace Moretz)

9살 '돌진기'부터 엔진을 최대치로 배우 경력 시작?!

클로이 그레이스 모레츠는 나탈리 포트만을 방불케 하는 순진하고 귀여운 얼굴에 도발적인 표정이 매력적인 여배우입니다. 십 대에 불과하지만, 스크린에서 보여주는 매력적인 연기와 눈부신 모습은 같은 세대 여배우 중에서도 단연 돋보이지요. 클로이는 5살 '결실'의 해부터 모델 일을 시작합니다. 가족들은 그러한 그녀를 서포트하기 위해 6살 '책임'의 해에 로스앤젤레스로 이사해 본격적인 연기 수업을 시작합니다.

7살인 '지원'의 해에 텔레비전 드라마로 데뷔한 후 연기자의 인생을 살기 위해 9살 '돌진'의 해에 학교를 그만둡니다. 그녀처럼 세계적으로 활약하는 스타나 운동선수, 예술가들은 '씨 뿌리기 존'부터 '황금 존' 사이에 인생을 결정짓는 만남이나 특별 훈련을 시작하는 사람이 적지 않습니다. 따라서 이 구간에 돌입했을 때는 인생의 보람을 느낄 수 있는 취미나 특기를 찾아보는 것도 좋아요. 클로이에게는 '사려'의 해가 다음 단계로 올라가기 위한 타이밍이었습니다. 12살에 '기회기'를 맞이하는데, 이 시기에 그녀의 인기를 결정하는 〈킥 애스: 겁 없는 녀석들〉을 촬영하며, 13살 '실력'의 해에 개봉됩니다. 귀여운 여자아이가 가차 없이 적을 무찌르며 방송금지용어를 연발하는 반전이 큰 반향을 일으키면서 영화는 큰 성공을 거두지요. 이후 눈부신 활약을 이어가는데, 드류 베리모어가 감독한 뮤직비디오에 출연하며 클로이의 연기는 극찬을 받습니다. 클로이는 황금 존의 '돌진기'부터 각오를 다지며 자기 일에 매진해 지금의 커리어를 쌓게 되었다는 건 부정할 수 없는 사실입니다.

유명한 에이전시의 계약 배우가 아닌 여전히 어머니와 오빠가 작품을 고르는 것은 그녀의 경력을 지키면서 한편으로는 평범한 아이로 대해주는 가족들의 서포트 또한 그녀를 크게 성공하게 한 요인이었을지도 모릅니다. 무대에서 연기력을 갈고닦은 그녀가 앞으로 어떤 연기를 보여줄지 기대하지 않을 수 없습니다.

마인드 넘버

 마리아 칼라스
(Maria Callas)

인생의 리듬을 망친 세기의 오페라 여신

'사려'의 시기에 포춘 사이클의 다음 단계로 향할 준비를 하지 않고 인생의 리듬을 망친 사람이 바로 마리아 칼라스입니다. 오페라 가수가 되기 위해서 어머니에게 혹독한 영재교육을 받은 그녀는 뚱뚱한 외모와 소극적인 성격 때문에 어려서부터 주위의 사랑을 받지 못했습니다. 한때는 100kg이 넘는 과체중으로 메트로폴리탄 극장에서 나비부인 역을 얻었지만, 눈물을 머금고 거절합니다. 그러다 오드리 헵번처럼 되고 싶다며 과격한 다이어트로 체중을 감량하며 완벽한 여신으로 다시 태어납니다. 여성으로서의 자신감을 얻은 그녀는 점점 제멋대로 하는 행동이 두드러집니다. 35살 '사려'의 해에는 갑자기 늘어난 공연에 저항하듯이 공연을 취소하거나, 이탈리아 대통령이 참석한 갈라 콘서트에서 갑자기 몸이 아프다는 이유로 퇴장을 해버리는 등 팬들을 실망시키죠.

스캔들로 몸살을 앓으며 지칠 대로 지쳐있을 때 그리스 선박왕 아리스토넬 오나시스와 운명적으로 만나게 됩니다. 이때 그녀의 남편은 건설업을 하는 사업가 바티스타 메네기니였는데 첫 번째 남편을 버리고 오나시스에게 가버립니다. 결국, 이 일로 세상 사람들에게 큰 비난을 받고 그녀의 일에도 영향을 미치게 됩니다. 9년 후 오나시스는 마리아 칼라스를 떠나 존 F. 케네디 미 대통령의 미망인인 재클린과 결혼합니다. 칼라스는 그 충격으로 자살을 시도하죠. 이후 그녀는 사람들을 열광시키며 오페라 가수로 활약했던 무대에 다시 서지 못한 채 53세의 나이로 쓸쓸한 죽음을 맞이합니다.

이처럼 자신의 인생 사이클의 회전을 놓쳐버리면 도미노처럼 리듬을 무너뜨리게 되기도 합니다. 오페라에 열중했던 칼라스가 나중에 건강에도 영향을 미친 위험한 다이어트로 살을 빼거나 후원해주던 남편을 버리고 다른 남자를 쫓아가는 등 팬의 기대를 저버리는 행동이 결과적으로 그녀의 인생 리듬을 망치게 한 것입니다.

안개 ZONE

`13 시련기` `14 변화기` `15 휴식기` `16 불안기` `17 청산기` 5년간

잠시 멈춰 서서 인생에 대해 성찰할 시기입니다. 분위기에 휩쓸리지 말고 성실하게 보내는 것이 중요합니다. 가족, 일, 저금, 빚, 노후, 건강 등 미래와 관련된 일도 생각하게 됩니다. 아이들이나 부모님, 애완동물 등 자신의 문제만이 아닌 다른 일들도 생각해야 하다 보니 기분이 맑지 않고 답답하거나 신경이 예민해질 거예요. 가족을 돌보는 일이 힘들기도 하겠지만, 당신을 위해서는 꼭 필요한 시간입니다. 괴롭다고 회피하거나 거부하면 나중에 후회하게 됩니다. 별거나 이혼을 고민하고 있다면 당신의 미래를 생각해서 진심으로 행복해질 수 있는 선택을 하세요. 이 시기에는 고령 임신이라도 아이는 낳는 게 좋습니다. 안개 존에서는 천천히, 되도록 느긋하게 지내야 하는 시기이므로 전문직 여성일수록 임신하는 경우가 많은 것도 특징입니다.

Happy to do list

❂ 마음을 차분히 가라앉히고 다음 단계를 위한 준비!

어쩐지 답답해지면서 생각이 많아지는 시기입니다. 때로는 너무 불안해서 눈물이 나거나 고독이 엄습할지도 몰라요. 신경이 예민해지다 보니 평소에는 신경도 안 쓰이던 일이 거슬리거나 주변 사람들이 부러워지기도 합니다. 하지만 이 시기에 느끼는 감정은 누구에게나 찾아오는 중요한 변화 가운데 하나일 뿐입니다. 힘들 때 더 잘 보이는 진실이나 곤경에 처했을 때 도와주는 진정한 우정을 느끼거나 할 거예요. 안개에 가려져 있어도 당신에게 필요한 메시지는 조금씩 전해지고 있어요. 이 시기가 지나면 앞으로 19년간은 행복해질 거예요. 그러니 여기서는 토대를 견고하게 만들어 두세요. 5년 동안의 안개 존을 지나며 당신을 고난에 처하게 만든 문제들은 정신을 더욱 강하게 만들 겁니다. 또한, 이 시기는 성공의 기초를 세우는 방법을 터득하는 시기라고 생각하세요. 무언가를 배우거나 스킬을 향상하기 위해서 자격증이나 면허를 취득해도 좋겠죠.

✿ 기분전환은 습관적으로!

이 시기에는 스트레스를 바로 풀어주지 않으면 몸이 납덩이처럼 무거워져 꼼짝도 못 하게 됩니다. 뇌도 스트레스와 피곤으로 마비될 수 있어요. 안개 존에서는 무리하면 바로 몸에서 반응이 나타납니다. 피부가 거칠어지거나 머리카락이 빠지고, 살이 찌거나 빠지는 등. 이 시기는 평소보다 몸과 마음을 더 소중하게 생각하세요. 마음을 가라앉히고 명상을 하거나 여유롭게 지낼 수 있는 시간을 만드는 것도 좋아요. 혹은 불면증으로 고생한다면 푹 잘 수 있도록 폭신한 침구를 새로 장만하거나 아로마 향을 피우는 등 마음이 편안해지는 환경을 만들어 보세요. 낡은 이불, 얼룩진 시트, 침대 주변의 거울, 애완동물, 주변에 잔뜩 쌓여있는 책이나 잡지 등은 좋은 기운을 떨어뜨리는 요인이니 깨끗하게 정리하세요.

✿ 철저한 건강관리

스트레스가 병으로 이어지기 쉬울 때입니다. 체력적으로도 정신적으로도 나약해져서 우울해질 수 있으니 평소 건강관리에 신경을 많이 쓰세요. 한번 생활 리듬이 무너지면 정상으로 돌려놓기 어려우므로 늦은 시간까지 잔업을 하거나 폭음폭식은 피하는 게 좋습니다. 또한, 지나치게 주변에 신경 쓰거나 정신적인 압박감을 받기도 하겠지만, 너무 복잡하게 생각하지 말고 마음의 여유를 가지세요. 당신은 좋은 뜻으로 한 행동인데, 오히려 그 행동으로 험담을 듣거나 발목을 잡히는 등 예상치 못한 오해가 생기기 쉬울 때이기도 합니다. 그러니 눈에 띄는 행동은 자제하세요. 이 시기는 '포화상태를 넘지 않기', '무리하지 않기'가 키워드입니다. 미리 병을 예방하는 차원에서 정기적으로 검진을 받고 조금이라도 몸이 좋지 않을 때는 절대 무리하지 마세요. 규칙적인 식사도 중요합니다.

✿ 포기를 두려워하지 마세요

과로하면 몸도 마음도 녹초가 됩니다. 당신이 할 수 없는 일은 건강을 해쳐가면서까지 무리하게 할 필요가 없어요. 다음 단계로 나아가기 위해 불필요한 모든 걸 정리하세요. 어중간한 관계를 지속하고 있는 연인이 있거나 이별을 고민하고 있다면, 잠시 힘들더라도 서로 행복해질 수 있는 결단을 해야 합니다. 친구도 마찬가지. 당신만 손해를 보는 처지가 되어서는 안 되겠죠. 물론 직장에서도 아무런 보람을 느끼지 못한다면 하루라도 빨리 전직을 고민해보세요. 이 시기에는 진심으로 바라는 환경이나 관계가 아니라면 억지로 애쓰지 마세요. 지금은 용기가 필요할 때입니다!

13 시련기 | 직장, 연애, 돈
일이 많아 부담을 느끼는 시기

긍정적인 면

정신력
시련을 통해 당신의 정신력을 시험하는 시기입니다. 도전할지 아니면 포기할지, 그 결과가 당신의 인생을 크게 바꾼답니다. 시련의 해이기 때문에 세상을 비관하고 원망하고 울고 싶어 질지도 모르지만, 이 상황을 이겨낼 힘은 강인한 정신력뿐입니다. 시련의 승부는 당신의 정신력에 달려있어요.

박애
관대한 마음으로 사람들을 대하세요. 말이 통하지 않는 상대와 싸울 기세로 덤벼들거나, 상대가 반론하지 못할 정도로 추궁거나, 자신만 옳다고 생각하면 불만과 마찰의 불씨가 될 뿐입니다. 사람마다 얼굴이 다른 것처럼 생각도 다를 수 있다는 걸 이해한다면 충돌을 피할 수 있을 거예요. 오지랖 넓게 주변을 배려하는 척하지 말고 사람들의 장점을 보세요. 타인의 결점에만 신경 쓰기보다는 내면을 보는 안목을 기르고 폭넓게 주변을 사귀어두는 편이 인간관계를 원활하게 유지하는 방법입니다.

봉사
이 시기에는 사랑에 대한 보상을 기대해서는 안 됩니다. 당신이 노력한 만큼의 성과를 욕심내면 위험해요. 그러니 자기를 희생하는 사랑은 불만을 초래하겠죠. 힘들어하는 사람에게 위로의 따뜻한 한마디를 건네거나 웃는 얼굴로 인사하는 등 가능한 범위에서 도움을 주는 편이 오히려 당신을 돋보이게 할 거예요. 이 시기는 어떻게 해도 문제가 발생하기 쉬워요. 그러므로 더욱 상대방의 친절에 예의를 갖추고, 무엇보다 인간관계를 소중히 하세요.

발상의 전환
문제나 고민을 해결할 방법은 발상의 전환입니다. 시간이 해결해 준다는 말처럼 걱정이나 문제를 해결하기 위해서는 시간의 흐름에 맡겨보는 거예요. 발전을 기대할 수 없는 문제에 사로잡혀 계속 고민한다 해도 아무 도움이 되지 않을 테니 나머지는 하늘에 맡기겠다는 자세로 임한다면 기분도 훨씬 가벼워질 거예요. 그리고 세상에는 아무리 노력해도 내 힘으로 어쩔 수 없는 일이 있답니다. 오히려 생각을 바꾸면 새로운 아이디어가 생기면서 전환기가 찾아올 수도 있습니다.

부정적인 면

❂ 꼼짝 못 하는 시기
마치 목이 조이는 것처럼 어떤 문제가 당신을 괴롭힐지도 모릅니다. 움직이면 움직일수록 더 꽉 조여들 거예요. 그럴 땐 애써 풀려고 몸부림치지 말고 차분히 태풍이 지나가기를 기다리세요. 명예 회복이나 기사회생을 서두르면 오히려 최악의 상태에 빠질 때입니다. 무엇이든 혼자서 해결하려고 조급하게 움직이면 역효과가 발생해요. 직장에서는 상사와 의논하거나 가족, 연인에게 솔직하게 털어놓으며 도움이 될 만한 지혜를 구해보세요.

❂ 힘든 상황
당신의 사소한 행동이 자신을 궁지로 몰아넣을 수도 있습니다. 가벼운 마음으로 SNS에 올린 영상이나 글이 문제가 되어 악성 댓글이 쇄도하는 등 속수무책으로 확산하는 일이 생길 수도 있거든요. 어차피 지인들만 볼 거라는 단순한 생각으로 한 행동이 되돌릴 수 없는 상황을 초래할지도 모릅니다. SNS를 통해 쉽고 간단하게 연결되는 시대인 만큼 순간적인 분위기에 휩쓸려서 올린 사진이 복수의 수단이 되지 않도록 SNS 이용은 백번 조심해도 지나치지 않습니다.

❂ 왜 곡
친구나 유명인이 고가의 명품을 구매하거나 여유 있는 생활을 자랑하는 SNS 사진을 보며 그들의 인생을 부러워합니다. 왠지 가까운 사람일수록 질투심이 더 생기기 마련이죠. 사람은 누구나 자신을 더 멋지게 보이기 위해서 한두 개의 가면을 쓰고 살아갑니다. 행복해 보이는 그들도 다른 사람에게 말하지 못하는 고민이나 불만이 있답니다. 그러니 당신도 다른 사람과 자신을 비교하며 자신감을 잃거나 스트레스받지 말고 느긋한 마음으로 지내세요.

❂ 갈 등
그동안 표면으로 드러나지 않았던 문제나 갈등이 서서히 베일을 벗습니다. 지금까지는 서로 불만이 있더라도 양보하며 상대의 의견을 존중했다면, 이 시기는 사소한 일에도 화가 나고 의견이 충돌하면서 냉전 상태를 초래할 수 있어요. 아무리 화가 나더라도 노골적인 태도를 보이지 않도록 주의하세요. 불쾌한 상황에서도 나쁜 감정을 다음 날까지 끌고 가지 않도록 흘려버려야 원만한 관계를 유지할 수 있습니다. '지는 게 이기는 것'이라는 말의 의미를 되새겨 보고, 자신이 옳다고 생각해도 때로는 져줄 수 있는 자세도 배워두면 좋을 것 같아요.

14 변화기 | 변화를 두려워 말고 필요에 따라 유연하게 대처할 때

긍정적인 면

❂ 다시 태어남

지금까지 경험해 본 적 없는 이별이나 상황의 변화를 맞으며 마음이 위축될 수 있습니다. 그러나 이 시기의 변화는 매우 중요합니다. 시간이 지난 후 알게 되겠지만, 당신의 인생에 새로운 전개를 가져오는 중요한 계기가 될 거예요. 그러므로 이 시기에 일어난 일은 고통스러운 부분에만 집중하지 말고 당신에게 도움이 되는 결단을 해야 합니다. 새로운 변화와 미래를 받아들이면서 앞으로 나아가세요.

❂ 케 어

환경이나 상황뿐만이 아니라 자신의 몸에서도 변화가 생기며 슬럼프에 빠지기 쉬울 때입니다. 이 시기에 병에 걸리는 사람도 많으니 컨디션의 변화에 민감해지세요. 뭔가 마음에 걸리는 부분이 있다면 만약을 위해서라도 반드시 검사를 받도록 하세요. 긍정적인 변화라면 임신도 있을 수 있습니다. 전문의와 상담하거나 임신하기 위한 환경, 또는 체질 개선을 통해 건강 체질로 바꿔보세요. 고정된 이미지를 바꾸기에도 좋은 시기이니 아름다운 변화로 기운을 좋게 만드세요.

❂ 소 망

이 시기에 닥치는 문제나 고생은 4년 후 맞는 희망기에 보상받을 수 있습니다. 따라서 지금은 인내하고 또 인내하면서 자신을 성찰해야 합니다. 1대에서 성공한 경영자나 아티스트, 배우 대부분이 이 시기에 공부나 연구, 빈곤 등 힘든 생활을 경험했습니다. 이 시기에는 포기하지 않고 꾸준히 노력하면서 성공을 향한 도전 방법을 모색한 사람만이 좋은 성과를 얻을 수 있습니다. 지금 여기서 모든 걸 내던지고 후회할지 모를 일시적인 감정으로 판단하면 절대 안 됩니다.

❂ 재 생

새로운 사랑, 혹은 파국이나 이혼 등 음과 양의 영향을 받는 다사다난한 시기입니다. 예를 들면 실연으로 큰 충격을 받거나, 반대로 마음이 잘 통하는 사람을 만나 일사천리로 결혼을 하게 되거나, 기다리던 임신을 했는데 유산으로 아기를 낳을 수 없게 되는 등, '변화'라는 말 그대로 예상치 못한 상황이 펼쳐집니다. 그렇다고 부정적인 변화에만 집착하고 있으면 좋은 변화를 자각하지 못하겠죠. 지금은 잠시 절망적인 상황이더라도 다가올 미래는 현재와 전혀 다를 거예요. 내일 다시 떠오를 해를 생각하며 희망을 품으세요.

부정적인 면

❂ 타 격
당신이 굳이 뭔가를 만들어서 하지 않아도, 지금의 상태에 만족한다 해도, 이 시기는 당신을 둘러싼 환경이 빠르게 변합니다. 원하지도 않았는데 전직이나 사업을 해야 할 상황이 생긴다면 각오를 다지고 나아가는 자세가 필요합니다. 고생 끝에 낙이 온다고 어떤 일이라도 처음부터 술술 풀리는 일은 없으니 참고 견뎌야합니다. 다시 말하지만, 이 시기를 어떻게 보내느냐가 다음 시기를 결정지을 만큼 중요합니다. 성공한 많은 유명인의 터닝 포인트가 되는 시기이기도 해요.

❂ 이 별
무슨 일이나 그렇듯 시작이 있으면 언젠가 끝도 있는 법이죠. 이 시기에 당신은 견디기 힘든 경험을 할지도 모릅니다. 인간은 태어나면서부터 이미 죽음을 향해 살아가고 있다는 사실을 실감하는 일이 생길 수도 있고요. 소중한 사람과의 이별이나 영원한 이별을 경험할지도 모릅니다. 그 순간 후회하지 않도록 평소에 주변 사람들에게 감사의 마음을 전하고 친절하게 대하세요. 잃고 난 후에야 비로소 소중함을 깨닫는 어리석은 일은 없어야겠죠.

❂ 단 념
끝이 보이지 않는 캄캄한 상황이 이어지며, 여기서 포기해버릴까 하는 절망적인 생각이 들지도 모릅니다. 게다가 피로가 쌓인 상태에서 계속 일하다 실패를 반복하는 악순환을 초래할 수 있어요. 이 시기는 상황이 빠르게 변하기 때문에 일희일비하면서 감정의 기복이 심해집니다. 대담한 자세로 동요하지 않는 것이 이 시기를 현명하게 극복하는 요령이지요. 자기도 모르게 뭔가에 쉽게 빠져드는 시기이므로 부정행위나 외도, 도박 등은 처음부터 관심을 두지 마세요.

❂ 실 패
뭔가를 시작하려고 하면 희한하게 방해 요소가 생기며 좀처럼 생각대로 안 됩니다. 그럴 때는 '케세라세라(Que Sera Sera)'라는 노래처럼 긍정적인 마음으로 지내다 보면, 어떻게든 결정되는 순간이 옵니다. 억지로 밀고 나가다 일이 잘 안 풀리면 남 탓이나 하게 되고 스트레스만 더 쌓이지요. 지금은 마음의 여유를 가지고 계획을 세워야 합니다. 시간을 유용하게 활용할 수 있도록 좋아하는 음료나 책을 가지고 다니면서 마음을 다스리세요.

15 휴식기

어깨에 힘을 빼고 느슨하게 지낼 때
용량초과는 금지!

긍정적인 면

❂ 무리하지 않기

7년 뒤에 찾아올 '운명기'를 위해서 지금은 무리하면 안 되는 시기입니다. 힘들어도 참고 극복해야 할 일도 분명 있을 거예요. 무의미한 기합이나 과도한 부담은 의미 없는 일입니다. 스트레스를 잔뜩 껴안고 있다가 정신을 차려보니 긴 휴식이 필요한 상황이 되지 않도록 조심하세요. 자신의 한계를 제대로 파악해야겠죠.

❂ 소극적

'휴식기'에는 자기가 먼저 적극적으로 나서지 못하는 수줍음이 많은 남성의 매력을 깨달아보세요. 동병상련이라고 만약 당신이 성실하긴 해도 연애에는 소극적인 사람이라면, 연애하고 싶어도 좀처럼 시작하지 못하는 사람의 마음을 헤아릴 수 있을 거예요. 초식남이 여자를 싫어하는 게 아니라, 남성도 자신감이 없으면 시작할 엄두조차 못 내는 사람이 많답니다. 당신이 먼저 상대에게 호의를 베푸세요. 당신은 이미 특별한 사람입니다.

❂ 휴 가

과도한 업무량 때문에 생활의 균형을 잃지 않도록 개인적인 시간을 충분히 확보하세요. 일이 인생의 전부인 양 지내는 사람일수록 자기보다 더 훌륭한 결과를 내거나 좋은 평가를 받는 사람이 생기면 크게 실망합니다. 비통함까지 느끼는 사람도 있겠죠. 나중에 후회하지 않도록 자신의 행복에 대해서도 깊이 생각해야 합니다. 연애뿐만이 아니라 인생 자체를 즐기는 게 중요해요.

❂ 휴 식

쉽게 피곤해지기 쉬운 이 시기에는 최대한 느긋하게 움직이세요. 무리하면서까지 최선을 다하면 부정적인 생각에 빠지기 쉽거든요. 최선을 다하되 무리하지 않도록! 또한, 다른 사람이 당신을 어떻게 생각할지에 대해 전전긍긍하지 말고 의연해지세요. 단순하게 생각하는 편이 인생도 가벼워집니다. 우선 어깨의 힘을 빼고 몸의 긴장을 풀어 마음을 편안하게 하세요. 아직 일어나지도 않은 일을 미리 걱정할 필요는 없으니까요.

부정적인 면

❂ 자기혐오

매사에 자신감이 없어지며 그게 원인이 되어 실패하거나, 혹은 실패가 두려워 아예 도전조차 하지 않을지도 모릅니다. 그런 자신에게 답답한 마음이 생길 수도 있어요. 사회생활을 하다 보면 마음에 들지 않는 일도 많고, 이해하기 힘든 일도 참아야 할 때가 있지요. 다른 누구도 아닌 당신이 그런 자신을 인정하고 존중해줘야 합니다. 때론 엄격함도 필요하지만, 자신을 궁지로 몰면 자존감이 떨어질 수도 있으므로 자신을 느슨하게 풀어주고 칭찬도 많이 해주세요.

❂ 건강을 해침

'몸이 재산'이라는 말처럼 건강관리가 중요한 시기입니다. 머리로는 이해하면서도 바쁘다거나 경제 여건, 그 외 여러 가지 이유로 건강을 소홀히 하는 경우가 많지요. 간편하고 저렴하다는 이유로 편의점 음식을 자주 먹거나 술로 스트레스를 푸는 등 건강을 해치는 습관은 지금 개선해야 합니다. 과도하게 살을 빼거나 지나친 운동도 불균형한 체질을 만들게 되므로 과하지 않는 체력단련으로 건강을 지키세요.

❂ 조바심

'휴식기'에 조바심은 금물. 지금은 상황을 바꾸려고 하면 할수록 오히려 헛돌기만 할 때입니다. 성급하게 뛰어들지 말고 시간의 흐름에 맡겨보세요. 이 시기에는 큰 계약이나 결단은 되도록 피하는 게 상책입니다. 가만히 있어도 변화가 일어나기 쉬운 시기이니 당신이 나서서 일을 만들기보다는 이미 벌어진 일에 대한 대책을 세우는 편이 현명하겠지요.

❂ 밤놀이

외로움을 잊으려고 밖으로 돌거나 반려동물과 지내다 보면, 어느 날 문득 자신의 미래에 대한 불안을 느낄 때가 있을 겁니다. 그럴 때는 남자친구를 사귀어 보거나 외로움을 극복할 취미, 봉사 등으로 삶의 보람을 찾아보세요. 이 상황을 타파하기 위해서는 긍정적인 변화가 필요합니다. 조금 잔인하게 들리겠지만, 사랑받길 원하면서도 남자친구를 찾는 대신 동성 친구나 애완동물에게 애정을 쏟는다면 상황은 전혀 달라지지 않을 거예요!

16 불안기 | 무엇을 해도 불안한 마음
가끔은 생각 멈추기

긍정적인 면

❁ 생각하지 않기
이 시기는 뭔가 행복한 일이 생겨도 그 이면에 숨겨진 의미를 찾아내려 하며 쉽게 믿지 못하는 때입니다. 예를 들면, 이성이 당신에게 관심을 보이면 기분은 좋지만, 자신감이 없어 거절하거나 너무 복잡하게 생각한 나머지 마음과 다른 행동을 하기 쉽거든요. 그런 시기이니만큼 단순하게 생각하세요. 생각이 많을수록 마음만 답답해질 뿐이니까요.

❁ 흘려보내기
불쾌한 일이나 이해가 안 되는 일은 그냥 흘려보내세요. 이 시기에 우울한 감정을 자꾸 키우면 부정적인 사슬에 묶여 꼼짝달싹 못 하게 됩니다. 이미 일어난 일은 일어난 일일 뿐, 과거로 돌아가 바꿀 수도 없잖아요. 더 나은 미래를 위해 당신이 안고 있는 부정적인 감정을 깨끗하게 씻어내세요. 소금이나 청주 목욕으로 독소를 배출하고 감정을 정화하는 것도 좋습니다.

❁ 단독행동
이 시기에는 주변의 눈치를 보며 지나치게 다른 사람에게 신경 쓰면 즐거운 일이 하나도 없어요. 주변 상황에 무리해서 맞추기보다는 차라리 독단으로 행동하세요. 함께 갈 사람이 없어서 미뤄두었던 여행도 떠나보고, 가장 핫한 장소에도 혼자 가보세요. 혼자선 아무것도 못 하고 누군가가 불러주기만을 기다리는 건 이제 아무 의미 없답니다. 자신에게 행복 센서를 장착하고 하고 싶은 일은 혼자서 결정 내리고 실행해야 합니다.

❁ 소중함
진정으로 소중한 것이 무엇인지, 소중한 사람은 누구인지 알 수 있을 때입니다. 다소 견디기 힘든 심술궂은 형태일 수도 있지만 당신을 얼마나 소중하게 생각하는지를 깨닫게 되는 일이 생길 거예요. 좋아하는 사람에게 이미 여자 친구가 있거나 사귀는 사람에게 결혼 생각이 전혀 없다거나 하는 괴로운 진실을 알게 되어 슬프겠지만, 확실히 해두는 편이 미래를 위해서는 도움이 됩니다. 가능성이 없는 관계를 계속 이어가는 것보다는 과감하게 결단을 내리고 방향 전환을 하는 편이 더 좋다고 생각합니다.

부정적인 면

❂ 쾌 락

이상형의 남성이 당신을 유혹할지도 모르겠군요. 도덕적으로 깨끗한 관계라면 상관없지만, 이 시기에는 마음의 혼란이 위험한 사랑을 불러올 수도 있어요. 육체적인 관계로 상대에게 휘둘리지 않도록 조심하세요. 어떤 상황에서도 부화뇌동하지 않도록 냉정하게 판단해야 합니다. 이 시기의 연애는 당신을 맹목적으로 만들 가능성이 매우 크니, 연애의 포로가 되어 옴짝달싹 못 하는 상황이 되기 전에 상대를 제대로 파악하세요.

❂ 달콤한 덫

달콤한 말에 속지 마세요. 돈을 많이 벌고 싶다고 생각할수록 더 큰 욕심이 생기는 법이죠. 현혹되기 쉬울 때니 주식이나 투자, 판매는 특히 조심하세요. '좋은 정보가 있는데', '이건 비밀인데 특별히 당신한테만 가르쳐 줄게'와 같은 상투적인 수법에 절대 넘어가면 안 됩니다. 상대는 유혹하는 달콤한 말이 입에 붙은 사람입니다. 큰돈을 써야 할 때는 가까운 사람들과 의논한 후 현명하게 결정하세요.

❂ 리 셋

이 시기는 트러블, 전직이나 이사, 이별, 질병 등 당신을 걱정하게 하는 일이 많이 생길지도 몰라요. 하지만 어떤 일이 생길 때는 반드시 이유가 있다는 걸 기억하세요. 이 시기는 환경을 바꿔야 하는 예상하지 못한 일이 생기거나 종료를 강요당하기도 하겠지만, 분명 몇 년 후에는 웃으면서 이야기할 때가 올 겁니다. 그러니 눈물 흘리며 삶을 비관하거나 우울해하지 말고 앞만 보고 나아가세요.

❂ 골칫거리

혼자 저지른 일도 아닌데 당신만 들통이 나거나, 상사의 지시를 따른 것뿐인데 실패를 당신 책임으로 전가하는 등 잇달아 일어나는 속상한 일들로 답답함만 더해질지도. 이 시기에는 골치 아픈 일에 휘말리거나, 타인의 속임수에 넘어가 힘들어지지 않도록 일을 할 때 예방선을 단단하게 쳐두는 게 좋습니다. 또 중요한 일은 메일이나 종이에 꼭 남겨두세요.

17 청산기 | 과거를 정리하고 마음을 가다듬을 때
포기를 두려워하지 마세요

긍정적인 면

♛ 전환

정말 수고하셨습니다! 드디어 내년에 안개 존이 끝납니다. 그러므로 이 시기는 다음 구간을 향해 마음의 정리를 해두어야 할 때입니다. 당신은 지금 점점 밝아지고 있을 거예요. 분명히 지금의 당신은 이전의 당신과 다르니 달라질 필요가 있겠죠. 과거에 얽매이지 말고, 어깨에 힘을 빼고, 하고 싶은 대로 자유롭게 행동하세요. 당신의 행동을 제약하는 장애요소나 불안 요소는 최대한 빨리 제거해야 합니다.

♛ 상쾌한

지금까지 고민했던 일이 거짓말처럼 사라지면서 희망이 보이기 시작합니다. 몸부림치며 괴로워하던 시기가 끝나고 점점 기운이 좋아질 거예요. 다음 단계로 갈 준비는 되어있나요? 아직 마음의 준비를 하지 않았다면, 불안과 걱정을 떨쳐버리고 한 단계 더 높은 곳으로 올라가기 위한 체제를 정비하세요. 반짝반짝 빛나는 미래가 기다리고 있으니 아무것도 두려워 말고 전진하세요.

♛ 재출발

당신 자신을 편안하고 자유롭게 두세요. 주위 시선에 신경을 쓰거나 어쭙잖은 자존심은 버리는 게 좋아요. 용기를 내서 변하겠다는 마음을 먹지 않는 한 아무것도 달라지지 않습니다. 불안에 짓눌려 부담감을 견뎌야 했던 마음이 개운해지고, 혼자서 가슴앓이하던 일이나 참아야 했던 시간이 내년부터 어떤 '형태'로든 드러날 거예요. 당신의 눈앞에는 더 밝고 아름다운 내일이 기다리고 있답니다.

♛ 행동

아직도 연애 스위치가 꺼진 상태인가요? 나이나 외모에 신경 쓰다 어느새 연애와 너무 멀어진 건 아닌가요? 오랫동안 연애를 하지 않았던 사람은 지금까지의 연애관을 버리고 관점을 바꿔보세요. 로맨틱 코미디 영화를 보거나 낭만적인 음악을 들으면서 연애 스위치를 켜고, 조금만 시점을 달리하면 새로운 만남을 기대할 수 있을 거예요. 커플은 연애 초기와 같은 신선한 기분을 느낄 수 있는 데이트를 기획해보세요.

부정적인 면

❁ 집 착

만약 지금 당신이 이루어질 수 없는 사랑을 하고 있거나, 상처만 주는 상대와 만나고 있다면 심각하게 고민해봐야 합니다. 당신의 미래를 위해서, 당신의 친절을 자기 편한 대로 이용한다든가 제멋대로인 사람과는 인연을 끊는 편이 좋습니다. 전 남자친구와 다시 만날 기대로 기약 없이 기다리고 있는 사람도 생각을 다시 해보세요. 돌아온다는 보장도 없거니와 자칫하면 세월만 낭비하고 시행착오를 거듭할지도 모릅니다. 무작정 기다리기보다는 당신의 행복을 찾으세요!

❁ 격 하

지금까지 쌓아 올린 지위를 빼앗기거나 좌천, 퇴직 등의 일이 생길지도 모릅니다. 일, 자존심, 인간관계에 놀랄만한 일이 생기기 쉬운 운기거든요. 직장 상사가 화가 날 정도로 쓸데없는 트집만 잡을 수도 있어요. 게다가 친구가 결혼하면서 관계가 소원해지는 등 지금까지 유지해온 인간관계에도 슬픈 변화가 생기게 됩니다. 그래도 인생을 되돌아보기에는 좋은 기회이니 무슨 일이든 긍정적으로 생각하세요.

❁ 컨디션 불안

도저히 이해할 수 없는 일이 이어지다 보니 스트레스도 극에 달합니다. 업무 시간 외에도 업무 트러블에 대응해야 하면서 머리도 무거워지고 부주의로 인한 실수도 늘어납니다. 결국, 어렵게 얻은 휴일인데 지쳐서 잠만 자는 처지가 되어 버리지요. 이 시기는 유난히 스트레스로 인해 몸 상태가 좋지 않게 되니 조심해야 합니다. '무엇보다 건강이 최우선'이니 업무로 몸을 혹사하고 있다면, 일하는 방법을 점검해보거나 컨디션을 끌어 올릴 방법을 찾아보세요.

❁ 경 박

나중을 생각하지 않고 경솔하게 내뱉은 말이 큰 실수를 초래할지도 모릅니다. 이 시기에는 부정한 일을 하면 반드시 탄로가 날 거예요. 그로 인해 신뢰나 지위, 명예 등 그동안 쌓아온 모든 것들을 잃게 될지도 모릅니다. 소문이나 비밀도 조심하세요. 사람들 앞에서 무심코 중요한 이야기를 흘리거나 중요한 서류를 잃어버리는 등 정신적 해이가 큰 참사를 일으킬 수 있으니까요.

| 유명인 포춘 사이클 |

마인드 넘버 4

니콜 키드먼
(Nicole Kidman)

과거의 상처를 극복하고, 40대 출산으로 행복을 손에 넣음

이미 톰 크루즈와 결혼했던 사실이 대부분 잊히고 있을 정도로 두 번째 결혼 생활이 순조로운 니콜 키드먼. 그녀는 톰 크루즈와 결혼해 임신 중이었을 때 갑자기 이혼선고를 받습니다. 당시 결혼 기간에 따라 재산분배금액이 크게 달라지기 때문에 톰 크루즈는 그 금액을 줄이려고 타이밍을 계산해 이혼을 선고했다는 소문도 있었습니다. 니콜 키드먼은 이혼의 충격으로 유산까지 하게 됩니다. 그 일이 있고 난 뒤 그녀는 임신을 포기했다고 말했었죠. 하지만 2006년 컨트리 가수 키스 어번과 재혼한 후 불임 치료를 진행하여 40살 '시련'의 해에 임신 발표를 합니다. 그리고 41살 '변화'의 해에 무사히 첫째 딸 선데이를 품에 안았습니다. 인터뷰에서 아이를 더 원한다고 할 정도로 자식 사랑이 끔찍한 모성애를 보이기도 했지요. 몇 년 뒤에는 대리모를 통해 둘째 딸 페이스가 태어납니다. 이때 모국인 오스트레일리아 TV 방송에서 아이가 갖고 싶었던 이유와 불임 치료, 대리모 출산은 숨겨야 할 일이 아니라는 사실을 증명해 보였습니다. 전 남편 톰 크루즈와는 인연이 없던 아카데미상까지 받은 그녀. 40대에 육아라는 여성의 새로운 길을 제시해주고 있습니다.

마인드 넘버

위니 할로우
(Winnie Harlow)

자신만의 매력으로 빛을 발하는 얼룩 피부의 모델

4살 때부터 피부병으로 고생한 소녀가 있습니다. 마이클 잭슨도 걸렸던 그 피부병은 피부색이 부분적으로 하얗게 변하는 백반증이에요. 소녀는 얼룩 피부 때문에 '얼룩말', '얼룩소'라 불리며 놀림과 따돌림을 당하다 자살을 생각하기도 했습니다. 하지만 모델이 되기 위한 공개 오디션 프로그램에 참여하면서 그녀의 인생이 180도 달라집니다. 오디션 프로에 참여한 후보자 중 그녀의 신비한 피부가 주목을 받습니다. 감추지 않고 있는 그대로의 모습을 보여준 그녀는 많은 사람의 지지를 얻어 동경하던 모델의 길에 들어서게 되지요. 현재 세계적인 브랜드 광고 모델로 활약하는 위니 할로우. DIESEL을 시작으로 다양한 브랜드에서 그녀의 피부를 수용하며 매력적이라는 것을 인정합니다.

19살 '청산'의 해에 과감한 오디션 참가로 그녀는 지금까지 그녀를 괴롭히던 콤플렉스를 이겨낸 게 아닐까요? 그녀는 과거의 자신에게 앞으로 좋은 일만 있을 거라는 말을 해주고 싶다고 합니다. 세상에는 사람들한테 놀림 받는 피부도, 피부가 검은 사람도 하얀 사람도 있지만, 그녀는 얼룩 피부를 긍정적으로 받아들이며 수술을 거부했었죠. 그녀는 결점을 이유로 꿈을 포기하는 사람들에게 말합니다. "자신을 사랑하세요, 사랑하다 보면 기회는 반드시 따라와요." 단점을 장점으로 극복할 수 있도록 먼저 자신을 사랑하고 인정해 주어야 한다는 걸 배울 수 있습니다.

운명의 분기 ZONE

18 희망기　**19 방황기**　2년간

드디어 무거운 공기로 가득했던 답답한 안개 존이 끝났습니다. 어깨가 조금 가벼워지지 않았나요? 안개 존이 끝난 지 얼마 되지 않은 시기라 다소 불안과 걱정이 남아 있더라도 갈 길을 찾아 걷기 시작할 때입니다. 다만 하고 싶은 일이나 희망이 있어도 아직 명확하지 않고 성공에 대한 확신이 없을지도 모릅니다. 그래도 불안이나 중압감에 지지 말고 미래를 믿고 꿈을 좇아가야 합니다. 결심을 공공연하게 표명하기에도 좋을 때이니 자신을 더 분발시키기 위해서라도 마음속으로만 생각하지 말고 주변에 큰소리로 알리세요. 그리고 말로만 끝나지 않도록 마지막까지 최선을 다하세요.

🌞 발전적인 자세와 긍정적인 말

평소에 무의식적으로 사용하는 말, 사람이 하는 말에는 어떤 힘이 있습니다. 부정적인 단어를 사용하면 할수록 마이너스 파워가 모여듭니다. 모임에서 아무리 불평과 험담을 늘어놓아 봐도 딱히 좋은 일이 생기는 것도 아니잖아요. 새로운 일을 시작할 중요한 시기인데 자꾸 부정적인 말을 하면 행복도 그만큼 멀어집니다. 평소에도 입꼬리를 올리고 긍정적인 단어 사용을 습관화하는 것도 좋은 방법입니다.

새로운 이정표를 제시해줄 사람과 만날 수도 있습니다. 하지만 소극적인 사람에게는 아무도 손을 내밀지 않을 거예요. 당신이 꿈을 이루기 위한 자세가 되어 있다면 주위에서도 협력해주고 희망의 빛도 비추겠지요. 불안하기도 하고 기쁜 일이 생기기도 하면서 좋은 소식과 나쁜 소식이 함께 있을 때입니다. 부정적인 일에 휘둘리지 말고 모든 일을 긍정적으로 받아들이며 발전적인 자세로 지내세요.

☾ 어두운색은 NO, 아이템이나 패션은 컬러풀하게

이 시기에는 희망이 찾아들며 주위 환경도 그 빛으로 변화시킵니다. 온몸을 어두운색으로 휘감는 패션은 지양하는 게 좋습니다. 어두운색의 옷이 많다면 네일이나 소품부터 밝은색을 사용해보세요. 풍수에서 검정은 지키고 유지하는 색입니다. 검은색 코디로는 새로운 것을 받아들일 수 없답니다. 새로운 일을 시작하기보다도 오히려 자신을 지키기에 바빠서 이전과 별반 다를 게 없는 일만 반복하게 되니까요. 어쨌든 이 시기는 적극적으로 당신 자신이 오픈마인드가 되어 다양한 경험을 흡수하고 시야를 넓혀야 할 때입니다. 컬러풀한 분위기로 연출하고 신선한 만남의 기회를 얻으세요. 평소에 다채로운 컬러를 사용하는 분이라면, 조금 다른 색을 사용해보는 것도 좋겠죠. 메이크업도 마찬가지로 아이섀도나 볼 터치를 밝게 하거나 헤어컬러를 밝게 하는 등 일단 컬러를 바꿔보세요. 인상이 어둡거나 차분하게 보이지 않도록 의식적으로 항상 미소를 지으며 행복한 사람처럼 행동해야 합니다.

☾ 사소한 사인도 놓치지 마세요. 우연은 곧 필연

'계산대 금액이 555원', '문득 시계를 보니 11시 11분'을 가리키는 경우는 없었나요? 수비학(數祕學)에 따르면 시와 분이 같은 시간은 '우연의 일치'를 뜻합니다. 이렇듯 일상 속에는 여러 가지 행운의 사인이 숨어있어요. 운명의 사람도 마찬가지겠죠. 언제나 같은 시간에 전철 안에서 보거나 자주 눈이 마주치거나 취향이 같은 물건을 들고 있거나 하는 등 사람은 잠재의식 효과로 사랑에 빠지게 된답니다. 소중한 우연을 그대로 내버려 둔다는 건 정말 아까운 일입니다. 이 시기에 일어나는 모든 일은 필연이고 당신에게 보내는 우주의 사인입니다. 만약 꿈속에서 아는 누군가가 나타난다면, 그 사람에게 연락할지 안 할지는 당신의 선택이겠죠. 다만, 행동하지 않으면 아무 일도 일어나지 않습니다.

☾ 불안과 방황을 끝내고, 꿈은 바로 눈앞에!

이 시기는 좋은 의미에서 어느 쪽을 선택할지 고민하는 때입니다. 하고 싶은 일이 있어도 도전할 용기가 없거나 자신감이 없을 때긴 하지만, 이 세상에 처음부터 자신만만한 사람은 없습니다. 누구나 노력하고 실패를 통해 배우면서 강해져 어떤 일도 극복할 수 있는 지혜를 얻게 되는 거예요. 실패가 두려워 평범한 생활에 안주하다 보면 평생 도전과는 담을 쌓고 살게 됩니다. 특히 나이가 들면 들수록 실패가 두려워지는 건 당연하죠. 하지만 이 시기는 인생의 전환기임을 믿고 무슨 일이든 긍정적으로 생각하면서 당신이 하고 싶은 일에 적극적으로 도전해야 합니다. 만약 하고 싶은 일이 아무것도 없다면 원하는 것을 손에 넣을 수 있도록 움직이세요. 당신의 정신력과 행동력만이 다가올 '운명 존'의 문을 여는 열쇠가 됩니다. 지금은 '24년에 한 번 오는 운명'의 시기와 맞닿은 아주 중요한 때입니다. 머릿속으로 하고 싶은 일, 되고 싶은 자신을 상상하면서 목표를 구체적으로 설정하고 흔들리지 마세요. 강한 마음이 곧 성공으로 이어집니다. 마음이 맞지 않는 사람과는 가능한 거리를 두고 무리하면서까지 내키지 않는 미팅이나 모임에 참여하지 않아도 괜찮아요. 결국, 결과도 좋지 않거든요. 마음이 맞는 사람이나 목표가 같은 사람들과 함께 지내면 한 단계 위에서 기다렸던 행복이 당신에게 날아들 거예요.

18 희망기 | 눈앞에 희망의 빛이 나타날 때! 어떤 작은 사인도 놓치지 않도록

긍정적인 면

❁ 즐기기

어둠 속에서도 조금씩 밝은 미래를 상상할 수 있는 시기입니다. 무거웠던 안개 존을 빠져나와 안심하면서 한숨 돌리고 있겠죠. 만약 여전히 답답하다면 지금 당장 분위기를 바꿔 긍정적인 자세로 지내야 합니다. 이 시기는 모든 일을 호의적으로 이해하고 받아들이세요. 퇴근 후 무언가를 배워보거나 좋아하는 아티스트의 공연을 보거나 한창 주목받고 있는 장소에 가보는 등 일상 속에서 소소한 즐거움을 만들어가세요.

❁ 유머

평소 무의식적으로 찡그린 표정을 짓고 있지 않나요? 전철을 타고 갈 때도 휴대전화를 한 손에 들고 미간을 잔뜩 찌푸린 채 화면을 보고 있진 않나요? 행운체질이 되기 위해서 가장 중요한 것은 웃는 얼굴입니다. 웃으면 복이 온다고 하지요. 대화를 나눌 때도 다른 사람의 유쾌한 농담을 즐기기만 하지 말고 당신도 다른 사람들에게 웃음을 줄 수 있는 재미있는 이야기를 해보세요. 유머도 훌륭한 대화술 중 하나인 만큼 당신의 호감도를 높여줄 거예요.

❁ 강한 마음

'희망기'에는 큰 꿈을 가질수록 장래도 더 밝아집니다. 당신의 꿈을 작고 소박하게 재단해서는 안 됩니다. 강한 의지와 자신감이 중요해요. 약해지면 가장 중요할 때 기회를 잡지 못합니다. 오히려 조금 고집스러운 편이 당신에게 도움이 되는 시기지요. 주변에 당신의 꿈을 공언하고 서포트를 부탁하는 것도 좋은 방법이에요. 당신에게 필요한 사람을 소개받거나 조언을 구해보세요.

❁ 도전

꿈을 이루기 쉬울 때입니다. 동경하던 오디션에 과감히 도전해보거나, 다른 직장의 면접을 신청해 두는 등 대담하게 행동하세요. 계속 익숙한 아스팔트길만 걷기보다는 다소 울퉁불퉁하더라도 두근거리고 즐거워 보이는 산길을 걷는 편이 풍요로운 인생을 보낼 수 있답니다. 새로운 일에 도전하려고 할 때 마음이 불안해지는 건 당연한 일이에요. 하지만 그 불안을 극복할지 말지 결정해야 합니다. 다음 단계로 넘어가는 과정이니 현명하게 행동하세요.

부정적인 면

❂ 후퇴

불평불만만 늘어놓으면서 한숨만 쉬고 있지 않나요? 가끔 속마음을 털어놓기만 해도 불평과 불만이 해소되지만, 그게 습관이 돼 버리면 밝은 미래는 찾아오지 않습니다. "말에는 영혼이 있고 불가사의한 힘이 있다."라는 말처럼 부정적인 말을 하면 그대로 현실이 되어버립니다. 되도록 긍정적이고 발전적인 단어를 사용하고 한숨을 내쉴 때보다 웃는 시간을 늘려가세요. 분명 소중한 기회도, 소중한 사람도 당신 곁으로 찾아올 거예요.

❂ 약한 소리

혹시 자신감이 없다고 신세 한탄만 하고 있지는 않나요? 관심은 있지만, 시작도 하기 전에 불가능한 일이라고 결론을 내리고, 점점 자신의 세계를 좁게 만들고 있지 않나요? 불가능한 일이라고 속단하지 마세요. 정신세계에서 상상할 수 있는 일은 현실세계에서도 실현 가능하다고 합니다. 자신감이 없다면 그 불안을 넘어설 수 있을 만큼의 많은 꿈을 그려보세요.

❂ 중도 포기

만약 지금 만나는 상대와 사귀는 건지 아닌지 모호한 사이라면 관계를 분명히 해두세요. 혹시라도 진지하게 사귈 상대가 아니라면 관계를 점검해보는 게 좋습니다. 발전 없는 사랑에 매달려 있으면, 새로운 사랑의 기회를 놓칠지도 모르니까요. 지금부터 곱게 포장된 고속도로를 달리듯 행복한 시기에 돌입하므로 고민의 씨앗은 미리 해결하는 편이 좋습니다.

❂ 우울

5년 동안 이어졌던 '안개 존'을 벗어난 지 얼마 되지 않았으므로 여전히 우울함을 느낄 때도 있을 거예요. 부정적인 생각에 빠지거나, 일어나지도 않은 일을 미리 걱정하며 불안해지기도 할 겁니다. 이 시기는 본인도 모르게 겁쟁이가 될 수 있어요. 마이너스 이미지에 속박되지 않도록 기분이 밝아지는 이벤트나 식사모임에 적극적으로 참석하면서 의욕을 북돋우세요.

19 방황기 | 갈등을 반복하면서 한발 한발 전진할 때

긍정적인 면

🌟 마이페이스

안개 존의 무거운 분위기에서 벗어나면서 조금씩 가벼워지고 긍정적으로 변해가는 시기입니다. 하지만 아직은 고민이나 걱정에 빠지기 쉬울 때이므로 바로 결과를 얻으려고 조급해하지 마세요. 이 시기에는 주위와 비교하면서 자기 평가를 낮춰서는 안 됩니다. 당신에게는 당신만의 매력이 있어요. 자신을 많이 칭찬해주세요. 피곤할 때는 무조건 휴식을 취하고 기분이 내킬 때 활동하면 됩니다.

🌟 계 획

앞으로 3년 후, 24년에 한 번 오는 '운명기'가 찾아옵니다. 그 시기를 목표로 계획을 세우면 좋을 때입니다. 만약 지금까지 당신 생각대로 일이 잘되지 않아 되는대로 지냈다면, 지금이 바로 인생의 터닝 포인트. 기회를 찾아서 도시나 해외로 나가는 등 일단 행동에 나서는 것이 좋습니다. 이 시기는 아직 꿈을 이룰 방법을 모색하는 단계이지만, 시간이 지나면서 점점 확신으로 바뀔 거예요.

🌟 이미지 트레이닝

당신의 미래 모습을 상상해본 적 있나요? 이 시기는 운세의 영향에 따라 장래의 비전도 흔들리기 쉬울 때입니다. 어렴풋하게 목표가 있어도 행동에 옮기지 못하고 망설이거나 자신이 어떻게 하고 싶은지조차 모르는 상태일 거예요. 방황과 고민으로 이리저리 흔들리면서도 꿈과 목표에 가까워질 때입니다. 너무 흔들리지 않으려면, 되고 싶은 자신의 모습을 구체적으로 그려보면서 머릿속을 정리하세요.

🌟 각 오

'방황기' 다음은 '충실기'입니다. 드디어 당신에게 밝은 빛이 비치기 시작했어요. 지금이 바로 승부를 걸어야 할 때입니다. 지금까지 잘 풀리지 않던 일도 이제 걱정할 필요 없어요. 앞으로 즐거운 일만 기다리고 있으니까요. '충실기'부터 3년 동안을 어떻게 지내느냐에 따라서 '운명기'의 크기도 달라집니다. 당신의 꿈을 이루기 위해 노력을 게을리 않고 절대 포기하지 않겠다는 각오를 다져야 합니다. 이 시기를 이용해서 자연스럽게 각오가 샘솟는 일을 찾아보세요. 누군가를 위해서가 아니라 당신 자신을 위한 그런 일 말이에요.

부정적인 면

✦ 갈등

안개 속을 걸어가는 것처럼 마음속에서 자신도 모르게 갈등하고 있을지도. 친구나 가족에게 답을 구해도 적절한 해답을 얻지 못해 답답하기만 합니다. 이 시기는 고민을 반복하면서 감정도 함께 흔들리는 시기이므로 어쩔 수 없어요. 고민하는 일이 나쁜 건 아니니 당신이 수긍할 수 있는 답을 찾아보세요.

✦ 폭주

그가 무관심하다고 외도를 의심하거나, 소문만 믿고 실망하거나, 확실하지도 않은 일을 사람들 앞에서 재미 삼아 이야기하다가는 나중에 크게 후회할 일이 생깁니다. 착각에 빠져서 잘못된 폭주를 하지 않도록 조심하세요. 스트레스를 풀 때도 계획 없는 쇼핑이나 도박은 피해야 합니다. 자신도 모르는 사이에 그 골에 깊이 빠져 빚을 지게 될지도 모르니까요. 앞으로 다가올 '운명기'를 위해서라도 돈을 쓰는 방법이나 저축하는 방법을 배워두면 좋을 겁니다.

✦ 피해망상

사람들이 자신의 험담을 한다고 착각하거나, SNS에 올린 화기애애한 사람들의 사진을 보고 자기만 쏙 빼놨다고 우울해하지는 않나요? 예민한 시기라 피해망상에 빠지기 쉬울 때입니다. 이럴 때는 무관심이 답입니다. 너무 깊게 생각하지 말고 그냥 흘려버리세요. 소외감을 느낄 때는 천천히 심호흡하면서 마음을 다스리세요.

✦ 피곤해지기 쉬울 때

방황하기 쉬울 때이니 몸과 마음의 상태를 정기적으로 관리하세요. 잔업으로 생활 리듬이 무너지거나 폭음폭식으로 컨디션이 나빠지거나 하지 않나요? 스트레스를 적절히 해소하지 못하면 불안해지며 피로가 축적될 뿐입니다. 생리불순, 소화불량, 초조함을 느끼면 몸이 보내는 메시지로 이해해야 합니다. 병원에 가거나 온천에서 휴식을 취하는 등 규칙적으로 몸을 돌보세요. 세상에 단 하나뿐인 당신의 몸이니 다른 무엇보다 소중하게 해야겠죠.

| 유명인 포춘 사이클 |

마인드 넘버 8

그레이스 켈리
(Grace Kelly)

자신이 있을 곳을 찾아 헤맨 끝에
오스카 여배우에서 모나코 왕실로

할리우드 배우에서 모나코 왕비가 된 전설적인 여배우 그레이스 켈리. 1951년 〈14시간 Fourteen Hours〉에 단역으로 출연하며 영화에 데뷔합니다. 그 후 〈백주의 결투〉에 여주인공으로 발탁되는데 22살 '휴식'의 해에 영화가 개봉하면서 인기를 얻습니다. 이듬해인 '불안'의 해에는 처음으로 아카데미 조연 여배우상에 노미네이트되는 작품과 만납니다. 아쉽게도 수상은 놓쳤지만, 여기에서 좌절하지 않고 24살 '청산'의 해에 지난 설욕을 만회하려는 것처럼 연이어 영화에 출연하다가 히치콕 감독의 작품에 출연하며 기품 있고 우아한 미모와 연기로 큰 성공을 거둡니다. 25살 '희망'의 해에 꿈에도 바라던 아카데미 주연 여배우상을 받게 되며 처음으로 그녀는 가족에게 인정을 받았다고 합니다. 그 작품에서 보여 준 기품 넘치는 그녀의 스타일이 모나코 왕실의 눈에 들어 관광국을 목표로 하던 모나코 왕실의 왕비 자리를 얻게 됩니다. 이때 후보였던 할리우드 배우 중에는 마릴린 먼로도 있었지만, 왕실의 이미지와 어울리지 않는다는 이유로 기각되지요.

언제나 도전을 거듭해온 그레이스 켈리는 늘 현재 상황에 만족하지 않았던 겁니다. 너무나 아름다웠던 웨딩드레스를 입은 모습은 지금도 여전히 세계 여성들에게 동경의 대상이 되고 있습니다. 그녀의 미모를 이어받은 아이들과 손자들 역시 사교계를 떠들썩하게 하고 있습니다.

마인드 넘버

수잔 보일
(Susan Boyle)

47살에 꿈을 현실로 바꾼, 포기를 모르는 인생

수잔 보일은 어머니가 47살 때 대가족의 막내로 태어나 최근에 아스퍼거 증후군임을 알게 되었습니다. 다른 형제들은 가정을 만들어 집을 떠나는 데 그녀만 남아 부모님과 함께 생활하고 있었지요. 결국, 아버지가 돌아가시고 어머니가 고령이 됨에 따라 점점 책임감을 느낀 그녀는 어머니를 도와 집안일을 하면서 지내게 됩니다. 그런 와중에도 어렸을 때 교회에서 찬미가를 만난 이후 오랫동안 가슴속에 노래에 대한 열정을 품고 가수가 되는 꿈을 꾸고 있었습니다. 그런 그녀가 미래의 스타를 발굴하는 오디션 프로그램에 나가면서 인생이 크게 달라지지요. 그때가 긴 시간 이어지던 답답함이 끝나는 47살 '충실'의 해였습니다. '충실기'는 사람들 앞에 나와 인생의 행복을 느끼고 즐기면 마음이 편안해진다는 메시지를 주는 해입니다. 무대에 오른 그녀를 놀리기라도 하는 것처럼 왜 그 나이까지 가수가 되지 못했냐는 유명한 프로듀서의 질문에 기회가 없었다는 그녀의 의연한 대답은 그 자리를 비웃음 바다로 만들었습니다. 하지만 그녀가 노래를 부르기 시작하자 모두가 놀라움과 감동에 싸여 기립박수를 보냅니다.

결혼은커녕 키스도 아직 못 해봤다고 자조하던 그녀는 꿈을 포기하지 않은 것뿐 아니라, 안개 존에서 희망을 버리지 않고 오디션에 참가한 것입니다. 그리고 세계적으로 수잔 보일 붐을 일으킨 후 53살 '가능성'의 해에는 미국인 의사이자 그녀의 첫 연인도 생깁니다. 안개 존에서는 일이 생각대로 되지 않다 보니 그냥 편한 방향으로 흘러가게 두거나 다 내팽개치고 싶어질 정도로 힘든 상황이 계속되기도 합니다. 이러한 어려움은 수잔 보일처럼 '당신이 극복할 각오가 되어있는지' 묻는 것입니다. 안개 존은 자신이 정말 하고 싶은 일, 앞으로 해야 할 일을 고민하고, 인생의 재고 조사를 하는 시기로 더 나은 인생을 위해 꼭 필요한 시기입니다.

인생의 전환 ZONE

`20 충실기` `21 결단기` 2년간

인생의 전환 시기에는 '각오'가 키워드입니다. 이미 운명기로 향하는 카운트다운이 시작되었습니다. 지금 단호하게 행동한다면 당신의 운명에 한 발짝 더 가까워질 수 있답니다. 반대로 이 시기에 무기력하게 지내면 미래가 멀어지고 운도 작아져 버립니다. 그래도 괜찮은 건가요? 이 구간은 안개 존 시기에 노력한 일이나 포기하지 않았던 일을 성취할 때입니다. 운명의 문을 열 수 있는 마지막 오디션 무대라고 해도 과언이 아닙니다. 몇 년 혹은 몇 십 년을 기다려서 이제야 겨우 당신은 이 문 앞에 서게 된 겁니다. 이 문을 열고 어느 세계로 나갈지는 전부 당신 하기 나름입니다. 후회하지 않도록 자신감을 가지고 당신의 운명을 믿으세요. 지금까지 극복한 일, 힘들었던 일을 한꺼번에 다 보상받는 것 같은 아주 큰 행복을 손에 넣으세요

 Happy to do list

확신하기 위해 강한 마음과 몸 단련

'운명기'가 눈앞에 기다리고 있는 지금, 제대로 아름다운 몸을 만들어보세요. 이 시기는 정크 푸드나 편의점 도시락, 인스턴트 라면으로 적당히 끼니를 때우는 것은 좋지 않아요. 가능하면 직접 만든 깨끗하고 몸에 좋은 건강한 식사를 해야 합니다. 음식이 당신의 몸을 만들기 때문입니다. 양이나 영양이 편중되지 않도록 신경 쓰세요. 위에 부담을 주는 야식은 되도록 피하고 늦게까지 깨어있는 것도 좋지 않습니다. 당신의 마음을 어수선하게 하는 원인이 됩니다. 강한 마음과 정신은 규칙적인 생활과 균형 있는 식사가 만들거든요. 도박, 담배, 알코올도 조심하세요. 행운의 여신은 행복한 공간을 좋아합니다. 당신의 방이 온종일 커튼을 닫아둔 채로 어둡게 있거나 쓰레기가 쌓인 채 여기저기 물건이 널려있는 건 아닌가요? 이 시기에는 매끼 식사와 방의 상태, 라이프스타일을 점검해야 합니다.

❋ 감추지 말고 솔직하게 표현

당신은 사람들과 이야기할 때 무엇을 가장 중요하게 생각하나요? 사람들 대부분은 상대의 눈치를 보느라 완곡한 표현이나 에둘러 말을 하면서 자기 생각을 제대로 전달하지 못하는 경우가 많습니다. 혹시 좋아하는 사람한테 한참 시간이 지난 후에 사실은 당신을 좋아했었다는 고백을 받은 적은 없나요? 서로 좋아하는데 그 기회를 당신 손으로 놓쳐버린다면 너무 안타까운 일이잖아요. 이 시기에 돌려서 말하는 작전은 역효과만 부릅니다. 겸손하기만 한 자세로는 눈앞에서 기회를 놓칠지도 모릅니다. 마음에 드는 사람에게는 적극적으로 다가가서 그의 반응을 지켜보세요. 만약 어떤 이유를 대면서 당신의 마음을 거절한다면 빨리 단념하고 새로운 사람을 찾으세요. 이 시기는 하루, 한주, 한 달이 너무 빠르게 지나갑니다. 멍하게 있다가는 다음 '운명기'에도 아무 수확 없이 끝나버릴 수 있습니다. 그걸로 만족하지는 않겠죠? 당신은 어떤 이유로 안개 존을 무사히 넘기고 여기까지 온 것일까요? 수줍어하거나 겸손해하거나 모르는 척하다가 중요한 기회마저 놓치지 않도록 조심하세요.

❋ 인간관계 살펴보기

부정적인 사람은 당신의 마음을 어수선하게 할 뿐입니다. 드디어 안개 존이 끝나고 겨우 당신은 긍정적인 상태가 되었는데 불평이나 험담만 하면서 성장하지 않는 사람에게 둘러싸여 있으면 당신도 마이너스 기운에 감기게 됩니다. 긍정적인 영향을 주고, 존경할 수 있는 사람들과 교류하면서 당신도 더 크게 성장할 수 있을 거예요. 만약 지금 당신이 놓인 환경에 존경할 만한 사람이나 동경할 대상이 없다면 다른 곳에서라도 찾으세요. 당신이 목표로 삼을 수 있는 존재가 있다면 당신은 더 강해질 수 있는 사람입니다. 또 연인이나 가족 앞에서도 부정적인 발언은 피하세요. 당신도 많은 사람에게 영향을 미치는 시기이기 때문입니다. 당신이 불평불만만 늘어놓거나 초조해하거나 걱정만 하고 있다면 수동적이고 불안한 사람으로 비치게 됩니다. 주위에서 당신을 한 수 위로 두는 존재가 되기 위해서는 정신력을 잘 조절해야 합니다. 평소에도 좋아하는 아로마 오일이나 허브 티, 요가 등으로 기분전환을 하세요.

❋ 과거에 미련두지 말기

이제 당신에게는 앞으로 나아가는 길 밖에 남아 있지 않습니다. 지금부터 한걸음입니다. 조금만 더 힘내세요. 눈앞에 아주 큰 기회가 기다리는 '운명기'가 다가오기 때문입니다. 게다가 그 운명기는 24년 중 딱 한 번입니다. 만약 이 시기에 운명을 바꿀 기회를 놓치면, 다음 운명기는 24년 후에나 돌아옵니다. 이 시기가 얼마나 중요한지 명심하세요. 불확실하고 불안하더라도 당신이 원하는 큰 도전을 해보세요. 안 하고 후회하는 것보다 하고 후회하는 편이 훨씬 결실이 크니까요. 생각만 하는 인생으로는 아무것도 달라지지 않아요. 이 시기에는 자신이 하고 싶은 일, 지금까지 못했던 일을 꼭 실천해보세요. 결혼이나 임신, 출산에도 좋은 시기이며, 인생이 변하는 결단의 시기이기도 합니다. 자신있고 당당하게 앞으로 나아가야만 성공을 붙잡을 수 있으니 과거를 돌아보지 마세요. 긍정적으로 생각하고 무조건 도전하세요. 당신 인생의 주인공은 바로 당신이니까요!

20 충실기

당신에게 따뜻한 빛이 비치고 있어요
이 시기가 미래의 운명을 좌우합니다

긍정적인 면

❂ 행 복
몇 년 동안 이어지던 안개 존을 빠져나오면서 갑자기 눈앞이 밝아졌습니다. 수고하셨습니다! 그동안의 불안과 고민, 무겁게 짓누르던 부담감에서 해방되어 지금까지의 문제가 무엇이었는지, 생각조차 나지 않을 정도로 행복할 거예요. 골치 아픈 문제도 해결되고 당신이 바라던 방향으로 순조롭게 진행될 겁니다. 봉인해 둔 생각을 해제하고 당신이 바라는 미래를 향해 나아가세요. 자, 놀이도 사랑도 일도 마음껏 즐길 때입니다.

❂ 매 력
당신의 매력이 개화하는 순간입니다. 사람은 누구나 자신에게 없는 것을 동경하고 마음에 품는 법. 당신이 콤플렉스라고 생각하는 부분도 누군가에게는 매력적으로 보일 수 있습니다. 당신이 싫어하는 부분이 당신만이 가진 매력 포인트일지도 모르죠. 앞으로 계속 만남이 많아지면서 사람들에게 당신을 보일 기회도 늘어납니다. 자신감을 가지고 당당하게 사람들 앞에 나서세요.

❂ 기분전환
일상의 스트레스를 제대로 해소하고 있나요? 이 시기는 일이든 놀이든 만족감을 느낄 수 있으므로 늘 웃으면서 행복하게 지낼 수 있답니다. 매일을, 매 순간을 즐기기 위해서는 그날의 피로는 그날 해소해야 합니다. 잠들기 전 명상하는 습관을 갖거나 커피 대신 허브티를 마시는 등 당신이 할 수 있는 소소한 기분전환 방법을 많이 만들어 두세요. 쉽게 도전할 수 있는 핸드메이드나 가구 위치를 바꿔보는 것도 좋습니다.

❂ 충 실
지금까지 해온 일이 드디어 빛을 보게 될 날이 머지않았습니다. 이 시기는 안개 존을 극복한 당신에게 주는 보상의 해입니다. 당신의 생각에 따라 무슨 일이든 전환기를 맞이할 수 있어요. 어렵다고 포기했던 꿈도 이룰 수 있고, 당신이 기회를 잡기 위해 행동한다면 바로 눈앞에 기회가 나타날 거예요. 그 정도로 기운이 강한 때이니 높은 이상과 꿈을 간직하세요.

부정적인 면

✿ 좌절

혹시 무리하면서까지 괴로운 환경에서 참고 지내고 있는 건 아닌가요? 좀처럼 좋은 평가를 얻지 못해 다소 부정적인 상태일지도 모르지만, 여기서 그만두면 지금까지 해온 노력이 물거품이 되고 맙니다. 당신의 목표는 조금만 더 힘을 내면 이룰 수 있습니다. 실패를 두려워하지 말고 꿈을 향해 계속 전진하세요. 당신이 포기하면 그 시점에서 좌절이지만, 당신이 도전을 계속한다면 좌절이란 말은 의미를 잃겠죠. 2년 후 찾아올 '운명'의 해를 믿으세요.

✿ 헛돌기

당신의 감정이 보람도 없이 헛돌고 있다면 일단 그 문제는 잊어버리고 초심으로 돌아가세요. 일이 잘 풀리지 않을 때는 억지로 강행해도 성공률은 그다지 높지 않으니까요. 연인이나 친구와 사소한 말다툼이 잦아질 경우는 행동보다 말이 앞서진 않았는지, 내 말에 가시는 없었는지 돌이켜 보고 단순하게 생각하세요. 그래도 일이 잘 풀리지 않는다면 다른 사람을 탓하거나 상황을 탓하기 전에 계획을 다시 검토해 보세요.

✿ 은둔

새로운 일을 시작할 때는 아무래도 고민과 불안이 있기 마련입니다. 결론이 나지 않을 때는 라이프스타일도 엉망일 가능성이 큽니다. 휴일에도 집에서 뒹굴뒹굴하고 있진 않나요? 우선 충분한 수면과 질 높은 식사를 하면서 생활을 안정시킨 후 고민을 하나씩 해결해 가세요. 당신에게는 곧 24년에 한 번 찾아오는 운명의 문이 열릴 때가 다가옵니다. 그때 후회하지 않도록 몸과 마음의 관리를 잘 해두세요.

✿ 지각

이 시기를 보내는 긍정적인 태도와 주변 사람과의 원만한 관계로 얻은 당신의 지지자들이 2년 후 '운명'의 시기에 큰 영향을 미칩니다. 약속 시각에 늦거나 갑자기 취소하면 신용을 잃게 됩니다. 비가 온다고 해서 지각해도 되는 건 아니니까요. 적당히 해도 된다는 안이한 생각이 당신의 시간 관리를 허술하게 만듭니다. 어떤 상대라도 약속 시각을 지킬 수 있도록 사전에 스케줄을 확인해두세요.

21 결단기

새로운 여행의 시작
중요한 결단을 내릴 시기가 왔습니다

긍정적인 면

♣ 자 각

새로운 세계가 펼쳐질 멋진 징조가 보이기 시작합니다. 단, 새로운 일을 시작하기 위해서 끝내야 하는 일도 있을 거예요. 인생의 중요한 결정을 해야 할지도 모릅니다. 오히려 당신 자신도 이제는 결단을 내리고 싶다는 생각을 하고 있을 겁니다. 자신이 가고 싶은 길의 기초를 튼튼히 다져두는 게 중요합니다. 이 시기가 지나면 24년에 한 번 오는 '운명기'가 기다리고 있습니다. 당신의 진심을 숨기지 마세요. 지금은 인생의 궤도수정을 해야 하는 심판의 시기입니다.

♣ 이미지 체인지

외양을 바꿔보는 것도 좋아요. 지금까지 사용해본 적 없는 컬러로 메이크업을 해보거나, 헤어 염색, 패셔너블한 네일아트에도 신경 써보는 등 이 시기를 통해 다시 태어나는 당신을 상상해 보세요. 인간관계도 당신이 동경하는 사람들 속에서 지내면 긍정적인 자극을 받으며 성장할 수 있습니다. 이미 각오한 당신에게 불가능이란 없습니다. 이대로 괜찮다는 소극적인 생각으로는 좋은 기운을 얻을 수 없어요. 변화를 즐기세요.

♣ 변 화

사람은 변화를 두려워하는 순간 성장이 멈춰버립니다. '나잇값'이라는 말이 있지요. 메이크업, 옷차림, 말투, 행동 등 나이가 들면 그에 맞는 아름다움을 가꾸어갈 수 있도록 달라져야 합니다. 나이와 내면에 어울리는 얼굴을 찾아야 하지요. 일도 연애도 책임감을 가지세요. 현재에 만족하지 말고 더 나은 미래를 목표해야만 최상의 상태를 유지할 수 있습니다. 새로운 것은 적극적으로 수용하고 무엇보다 마음의 여유와 활력을 중요하게 생각하세요.

♣ 퇴 직

이 시기는 자신의 경력이나 독립을 위해 일을 그만둘 가능성도 있습니다. 조금 쓸쓸한 마음이 들 수도 있지만, 다음 '운명 존'으로 나아가기 위한 중요한 단계입니다. 주위에서도 새로운 환경으로 떠나는 당신의 앞날을 축복하면서 따뜻하게 배웅할 거예요. 만약 자의가 아닌 타의에 의한 인사이동이나 퇴직이라도 불평은 봉인해 두세요. 불평불만은 동정이 아니라 경멸을 부를 뿐이니까요. 무슨 일이 있어도 이 시기의 변화는 모두 긍정적으로 받아들이세요. 그리고 좋은 결과를 만들 수 있도록 노력하세요.

부정적인 면

♛ 파국

새로운 세계로 향하는 시기에는 인간관계도 재점검해야 합니다. 모이면 늘 험담만 하는 사람과 함께 있으면 당신도 그런 사람들 중 한 명이 되겠죠. 그 파장이 크기 때문에 당신이 싫다는 생각이 들면 조금씩 거리를 두세요. 남자친구가 당신에게 무신경하다면 깊은 대화를 나눠보세요. 그래도 개선되지 않으면 당신이 그에게 맞춰 변하든가 새로운 사람을 찾든가 둘 중 하나를 선택해야 합니다. 부디 당신에게 선택할 자유가 있다는 사실을 기억하세요.

♛ 발각

이 시기는 알고 싶지 않은 사실을 듣게 되거나, 혹은 진실과 마주하기 쉬울 때입니다. 그런 일이 생기면 실망하거나 배신감을 느끼며 깊은 상처를 받을지도 모릅니다. 게다가 당신이 감추고 있는 일도 드러나기 쉬울 때이니 나쁜 짓은 적당히 해야 합니다. 불륜이나 외도는 뼈아픈 복수로 돌아올 수 있습니다. 돌이킬 수 없는 일이 되지 않도록 '결단기'에는 청렴하고 정직하게 지내야 한답니다.

♛ 거짓말

작은 거짓말이 돌이킬 수 없는 결과로 이어질 가능성이 있는 시기입니다. 사람을 속이거나 거짓말을 하지 않도록 하세요. 지금 당장은 탄로 나지 않더라도 몇 년, 몇 십 년 후에는 들통날 수도 있거든요. 세상에 영원한 건 없으니까요. 게다가 당신이 속이고 있는 상대가 남자친구나 회사 동료일 경우에는 문제가 더 커집니다. 주변 사람을 배신하거나 속이는 행위는 절대로 해서는 안 됩니다. 어차피 당신의 마음만 괴롭고 힘들어질 뿐이니까요.

♛ 하룻밤 사랑

눈에 콩깍지가 씌어 가정이 있는 사람과 만나거나, 당신에게 남자친구가 있으면서도 다른 남자를 만나고 싶은 마음이 부글부글 끓어오르는 시기입니다. 하지만 보람 없는 사랑이나 누군가를 불행하게 만드는 사랑은 결국 당신까지도 불행하게 만듭니다. 이 시기는 분위기에 휩쓸려 이성을 잃고 선을 넘지 않도록 조심하세요. 특히 동창회나 미팅, 헌팅 유혹에 넘어가지 않도록 자신을 지키는 일 또한 당신의 중요한 사명입니다. 외롭다고 섣불리 하룻밤 사랑이나 인터넷 소개팅을 즐겨서는 안 되겠죠.

| 유명인 포춘 사이클 |

마인드 넘버

조니 뎁

(Johnny Depp)

남성이 결혼을 선택하기 쉬운 '결단'의 해에 결혼

어렸을 때 부모님이 이혼하고 어머니 품에서 자란 조니 뎁은 20살 '변화'의 해에 첫 번째 결혼을 합니다. 그러나 결혼은 2년 만에 파탄이 나고, 그 후 배우로서 활동하면서 위노나 라이더, 케이트 모스와도 교제하지요. 조니 뎁은 약물 중독이나 알코올로 인한 큰 소동을 일으킬 정도로 괴짜 같은 행동을 하기도 하지만, 그런 교제에도 지쳤는지 촬영차 방문한 프랑스 호텔 로비에서 프랑스 여배우 바네사 파라디의 뒷모습을 보고 첫눈에 반합니다.

35살 '책임'의 해에 조니 뎁은 바네사 파라디와 교제를 시작하고, 바로 첫 딸이 태어납니다. 프랑스에서는 사실혼이 많아 둘째가 태어나도 여전히 사실혼 관계를 유지하면 파트너 관계로 지냅니다. 그가 출연한 영화들이 세계적으로 인기를 얻으며 지금까지의 나쁜 남자 모습은 잊히고 호감도 높은 세계적인 인기 배우가 됩니다. 48살 '희망'의 해에 같은 작품에 출연하던 앰버 허드와 스캔들 기사가 납니다. 그러나 그 기사를 부정이라도 하듯 가족이 함께 바캉스를 즐기는 모습이 파파라치에게 찍히기도 하지만, 결국 파국 사실을 발표하죠. 바네사 파라디와는 14년간의 사실혼 관계를 유지하던 조니 뎁이 51살 '결단'의 해에 23살 어린 앰버 허드와 결혼합니다. 그 후 젊은 아내에게 선물 공세를 한다거나 지금까지는 볼 수도 없었던 만취 상태에서 스피치를 하는 등 팬을 크게 실망하게 하기도 했죠.

'결단'의 해는 자신이 내린 결단으로 인생이 크게 바뀌는 때이므로 조니 뎁 또한 자신이 뿌린 씨의 결과라고 할 수 있습니다. 그러나 사생활과는 상관없이 여전히 학교를 방문해 팬서비스 하는 좋은 스타일지도 모릅니다. 영화 팬이라면 그의 사생활에 관한 뉴스보다 영화를 통한 활약을 기대하고 싶을 거예요.

마인드 넘버

살바도르 달리
(Salvador Dali)

인생을 크게 바꾼 계기와 만남을 붙잡은 예술가

평범하지 않은 외모와 기발한 퍼포먼스. 마치 사진과 같은 사실적인 화풍과 거기에 어울리지 않는 상황을 조합하여 표현하는 초현실주의를 대표하는 화가 달리는 자택에 도서관이 있을 정도로 유복한 가정에서 태어났습니다. 어렸을 때부터 미술책이나 도구에 불편함 없이 지내다 17살이 되던 해 왕립미술학교에 입학합니다. 21살 '방황기'에 바르셀로나에서 열린 개인전을 본 피카소의 칭찬에 자신감을 얻으며, 이듬해 22살인 '충실'의 해에 파리로 건너가 피카소를 방문합니다. 그때 파리에 모여 있는 예술가들과 교류를 하면서 초현실주의에 감명을 받게 되지요. '충실'의 해에 새로운 테마이기도 하고 달리라는 위치를 확고부동하게 만드는 아이디어와 만나게 됩니다. 게다가 25살 '신뢰'의 해에 10살 연상이며 달리의 유일한 뮤즈 갈라를 만나면서 그의 예술적 재능은 더욱 속도를 높입니다. 갈라는 달리의 모든 권리나 경제권을 맡아 일을 처리하는 프로듀서이자 매니저였습니다. 그러다 그녀가 죽고 난 후 돈에는 무관심했던 달리는 경제적인 위기에 빠지기도 합니다.

'충실'의 해에 일어난 일은 당신에게 주는 큰 힌트가 숨어있습니다. 그리고 안개 존을 빠져나온 후 드디어 노력한 만큼의 보람을 실감할 수 있는 1년이기도 하지요. 기분을 바꿔 새로운 일에 눈을 돌려 좋은 자극을 받으세요. 놀이나 즐거움 속에서도 2년 후에 다가올 '운명'의 해를 준비하는 좋은 아이디어를 만날 수 있을 거예요.

운명 ZONE

`22 운명기` `23 신뢰기` `24 전진기` 3년간

축하합니다! 양팔을 활짝 벌리고 밀려드는 행복을 가득 안으세요. 사양할 필요 없습니다. 운명 존은 당신의 인생을 행복하고 풍요롭게 해주는 만남과 기회가 기다리는 시기이니까요. 당연히 집과 회사만 왔다 갔다 하거나, 집에만 웅크리고 있거나, 늘 만나는 사람들만 만나면 안 되겠죠. 새로운 변화, 만남, 장소가 키워드인 만큼 적극적으로 네트워크를 확장해야 합니다. 지금까지 친구가 될 수 없던 타입의 사람이나 직업이 다른 사람이야말로 당신의 미래에 좋은 영향을 줄 테니까요. 행복해지고 싶다면 긍정적으로 행동하세요. 당신이 바라는 행복한 결말에 가까워질 수 있도록 끝까지 포기하지 말고 노력하세요.

 Happy to do list

낯가림은 NG!

일에 지쳐 피곤하다고 집에만 틀어박혀 있지 말고 이벤트가 있다면 적극적으로 참가해 충실한 하루하루를 보내세요. 이 시기는 네트워크를 확장해야 하는 시기입니다. 이 시기에 만난 사람이나 친해진 사람은 다음 '개척기'에 당신에게 영향을 미치는 중요한 인물이 됩니다. 좋고 싫음을 따지거나 사람을 가려서도 안 됩니다. 공통점이 없는 다른 직종의 사람이나 나이 차가 많아도 상관없어요. 이 시기에는 국적이나 나이, 성별, 직업과 관계없이 경계를 허물고 폭넓은 교류를 하면서 많은 것을 배우게 될 거예요. 그렇다고 화려한 파티걸이 되라는 말은 아닙니다. 밤놀이가 즐거워도 적정선을 지키지 않으면 그동안 쌓아온 신뢰가 무너지게 되니 아무리 즐거워도 자신을 잘 관리하세요. 그래야 좋은 인상을 남길 수 있습니다.

❂ 이루고 싶은 목표 적어보기

번뜩이는 아이디어나 영감, 자신의 직관을 믿으세요. 계속 생각했던 일이나 해보고 싶은 일, 갑자기 떠오른 아이디어를 노트에 적어두면 좋겠지요. 글로 쓰거나 말로 하면 목표를 구체적으로 그릴 수 있답니다. 먼저 되고 싶은 자신을 상상해 보세요. 그리고 글로 써 보세요. 이 시기는 꿈이나 목표가 명확해야 끌어당기는 힘도 강해집니다. 물론 지나치게 큰 꿈만 바란다면 그 꿈을 이루는 데까지 시간이 너무 오래 걸려 중간에 포기하기 쉬워지겠죠? 이 시기는 꿈을 하나씩 하나씩 성취해가면 자신감도 생기고 새로운 꿈도 키울 수 있답니다. 먼저 쉽게 이룰 수 있는 일부터 시작해 서서히 단계를 높여가는 것도 좋을 거예요. 다만 이 시기에는 다른 사람의 시기나 질투의 대상이 되기 쉬우므로 자기 자랑은 되도록 삼가세요. 당신의 의도와 다르게 보일 수도 있으니까요.

❂ 정보수집

이 시기에는 당신에게 필요한 아이디어나 유리한 정보가 쉴 새 없이 모여들 겁니다. 다음 '개척기'에서 지금까지 배운 지식과 경험을 잘 활용해야 합니다. 그러니 '운명 존'에서 탐욕스러울 정도로 많은 데이터를 저장해 둘 필요가 있어요. 이 시기에 날아드는 상황이나 말은 전부 당신의 운명을 좌우하는 중요한 메시지입니다. 마음이 설레는 일을 생각 속에 가두지 말고 반드시 실현하세요. 혼자서 하기 싫다고 계속 미뤄두는 건 운명을 거역하는 일입니다. 사람들과 일정이 맞지 않으면 혼자서라도 행동하세요. 당신이 느끼는 운명에 따라 움직여야 합니다.

❂ 자신을 갈고 닦기

새로운 세계가 시작하는 시기입니다. 다음 구간으로 전진해야죠! 새로운 자신을 찾기 위해서 한 단계 더 높은 곳으로 향하세요. 천재와 평범한 사람의 차이는 전문가가 될 때까지 들이는 시간과 노력과 지속할 수 있는 재능입니다. 태어나면서부터 천재는 없습니다. 드디어 꿈을 향해 불꽃을 피울 때가 왔습니다. 만약 당신의 생각대로 되지 않는다면 당신의 전략에 문제가 있을지도 모릅니다. 한 번 더 환경을 정비하고, 그 자리가 당신에게 최상의 자리인지, 주위에 당신을 성장시키고 도와줄 사람들이 있는지, 진정한 행복을 바라며 행동하고 있는지 확인해 보세요.

24년에 한 번 오는 '운명기'를 평범하게 끝내서는 안 됩니다. 이 시기에는 가족, 연인, 친구, 직장 동료 모두를 소중히 하면 당신은 더 강한 행운체질이 됩니다. 사소한 일이라도 고맙다는 감사의 인사를 잊지 않는다면 주변 사람들의 서포트를 받으며 꿈에 그리던 큰 활약을 할 수 있을 거예요. 이 시기는 신뢰를 통해 여러 가지 일이 성립하기 때문에 행여 불성실한 태도를 보이면 심한 타격을 입을지도 모릅니다. 약속을 어기거나 갑자기 취소하는 등 예의에 어긋나는 행동은 하지 마세요. 어렵게 찾아온 신뢰의 타이밍이 엉망이 될 수도 있으니까요.

22 운명기 | 행복의 문이 열리는 때
기회의 열쇠는 당신이 쥐고 있습니다

긍정적인 면

목표달성

행복이 넘쳐흐르며 가슴 벅찬 나날을 보낼 수 있습니다. 지금까지 노력해온 일이 큰 성공을 거두거나 승진, 스카우트 제안의 가능성도 큽니다. 일과 연애 모두에서 긍정적인 열매를 맺습니다. 새로운 세계를 마음껏 즐기세요. 이 시기는 성공이 당신의 이웃이랍니다. 자신감으로 당당하게 돌진하는 모습이야말로 성공에 다가서는 지름길이지요. 원하는 것이나 바라는 꿈을 메모하면서 자신의 의사를 명확하게 표명하세요.

한 단계 더 높이

목표를 달성할 큰 기회가 옵니다. 지위나 명성, 잠재적 수입 등 당신이 바라는 일이 모두 이뤄지는 멋진 시기죠. 이 시기에 날아드는 뜻밖의 제안에는 부디 도전하세요. 못한다고 버티거나 실패를 두려워해서는 안 됩니다. 마음을 강하게 다잡고 목표를 세우면 한 단계 더 높은 곳으로 올라설 수 있으니, 목표가 높으면 높을수록 더 큰 결과를 얻을 수 있을 거예요. 이 시기는 배우는 자세 또한 중요합니다. 현재에 만족하지 말고 당신의 숨은 재능을 찾아보세요.

진지한 교제

사귀는 사람에게 프러포즈를 받을 수도 있어요. 교제한 기간보다는 두 사람 사이의 끈끈한 정이 중요합니다. 상대가 행동할 때까지 기다릴 수 없다면 당신이 먼저 고백하는 것도 괜찮아요. 다만 책임지라느니, 부모님이 빨리 결혼하라고 성화라느니 하면서 부담을 주는 말은 NG. 결혼에 대한 당신의 생각을 명확하게 전달하세요. 만약 상대가 당신의 진심을 피하려 한다면 다시 생각해보는 편이 좋을듯합니다. 어딘가에 운명적인 만남이 당신을 기다리고 있는 시기이므로 만나자마자 속전속결로 결혼할 가능성도 있으니까요.

자유

이 시기는 당신이 생각하는 대로 행동하세요. 아니 그렇게 해야만 합니다. 이 시기에 가족이나 주변의 눈치만 살피면 중요한 기회를 놓치게 됩니다. 과감하게 하고 싶었던 일에 도전하고 성취하세요. 하지 못한 일을 다른 사람 탓으로 돌려서도 안 됩니다. 결국, 행동하지 않은 것은 당신이 선택한 결과이니까요. 우선은 당신 안에서 자신을 구속하던 것들을 자유롭게 풀어주세요. 나이 탓, 환경 탓하지 말고 제대로 즐기세요!

부정적인 면

✦ 중도 포기

자신이 아이디어를 낸 기획인데 제대로 궤도에 올려보지도 못하고 중도에 포기한 적은 없나요? 이 시기에는 그동안 중단했던 일을 다시 시작해도 좋습니다. 지금까지 보이지 않던 힌트를 찾을 수도 있거든요. 그러나 불안하거나 내키지 않는 일은 깨끗하게 백지로 돌리는 용기도 필요합니다. 연애도 질척거리기만 하는 애매한 관계는 좋지 않아요. 긴지 아닌지를 분명하게 해야 새로운 문도 열리겠죠.

✦ 불륜

오랫동안 짝사랑해온 사람이나 독신이라고 믿었던 상대에게 연인이 있다는 사실을 알게 된다면, 아무리 사랑하는 사람이라도 냉정해져야 합니다. 이 관계를 잘 이어간다고 해도 몇 년이 지나, 당신이 진심으로 결혼을 원할 때 상대가 배신할 수도 있습니다. 당신은 그렇지 않은데, 그 사람만 제대로 된 가정을 유지하고 있다는 사실을 용납할 수 있나요? 그에게 휘둘리는 연애로 고생하지 않도록 한 발 뒤로 물러나 신중하게 생각하세요. 불륜은 진심이 담기면 담길수록 가시밭길이지요. 현명하게 판단하세요.

✦ 실망

어렵게 찾아든 멋진 시기인데 당신의 무례한 행동이나 태도로 자신을 깎아내리지 않도록 조심하세요. 레스토랑이나 카페 직원에게 함부로 대하는 당신 모습을 누군가가 보고 있을 수도 있어요. 언제 어디서나 깨끗하고, 바르고, 아름다운 마음을 잊지 말고 행동하세요. 아름다운 구두는 근사한 장소로 데려가 준다는 말이 있지요. 장소에 어울리는 행동이나 옷차림에도 신경 쓰세요. 우선은 당신의 마음가짐부터 바꾸면 생각도 달라질 겁니다.

✦ 고생

다른 사람의 의견에 귀를 기울이세요. 말은 간단하지만 사실 어려운 일이지요. 하지만 자신의 능력에 자부심이 있다면 더욱 그래야 합니다. 강한 고집으로 자신의 의견을 관철해도 나쁘지 않지만, 이 시기에는 주변 사람들의 따뜻한 서포트가 당신의 목표를 달성하는 데 도움을 줍니다. '슬픔을 나눌 수 있는 친구가 있다면 슬픔도 반으로 준다'라는 말처럼, 어려움도 고생도 함께할 사람이 있다면 해낼 수 있는 일도 많아집니다. 타인의 생각을 수용하는 자세와 포용력을 기르세요.

23 신뢰기 | 주변과의 강한 신뢰관계를 가진다면 더 많은 서포트를 받을 수 있을 때

긍정적인 면

❂ 동료

지난해 '운명'의 문을 열고 인생의 전환기를 맞이했습니다. 올해는 주변과의 신뢰를 단단하게 구축할 때입니다. 사람들과의 조화와 협력을 다져나가세요. 자신이 하는 편이 빠르다고 혼자서 일을 진행하거나, 도움이 되지 않는다고 우습게 보는 태도를 보이면 아무리 능력이 있어도 인간관계가 원인이 되어 발목을 잡힙니다. 각각의 개성을 인정하고 정보를 공유하는 단체의식을 소중하게 생각하면 주변 사람들도 당신을 돋보이게 해줄 거예요.

❂ 재회

오랜 시간 만나지 못했던 친구나 옛 애인과 재회할 수도 있습니다. 지금은 정을 두텁게 하는 시기이기 때문이죠. 당신과 다른 환경 속에서 일과 가정생활을 병행하는 친구의 이야기를 들어 보거나 더 많은 교류를 하면 새로운 힌트가 보일 거예요. 이 시기에 만나는 사람은 신뢰가 중요한 키워드. 예의가 없는 사람이나 금전적인 관계에 야무지지 못한 사람은 주의하세요. 가치관과 신념이 잘 맞는 사람과의 인연을 소중하게 생각할 때입니다.

❂ 연인

현재 연인이 있는 분은 프러포즈를 받거나 임신의 가능성이 있습니다. 행복한 가정을 꾸릴 수 있는 인생의 가장 낭만적인 시기입니다. 이미 결혼한 사람은 가족과의 애정이 더 깊어질 거예요. 당신이 먼저 적극적으로 나서도 좋지만, 도가 지나치면 오히려 상대가 질려버릴 수 있으니 신중하게 행동해야 합니다. 유서 깊은 음식점이나 두 사람에게 익숙한 가게 등 신뢰할 수 있는 장소나 추억을 소중하게 생각하세요. 이 시기의 외도는 잠시 즐기는 상대가 될 뿐이니 유혹에 빠지지 않도록 조심하세요.

❂ 성공담

지난해 '운명기'부터 계속 안정적인 행복과 만족감을 느끼고 있을 거예요. 아직 성공을 향한 새로운 길을 찾고 있는 분에게도 많은 기회가 숨어있습니다. 당신이 진심으로 하고 싶은 일을 한다면, 잠재력이 개발되고 머지않아 좋은 결과로 이어질 거예요. 주변에 너무 신경 쓰거나, 하고 싶은 일을 애써 참을 필요가 없습니다. 성공은 늘 가능하다고 믿는 사람들 곁에 있으니까요. 특히 이 시기에는 당신의 얼굴이기도 한 명함 디자인에 신경 쓰세요. 또한, 자신이 내뱉은 말과 행동에 대해서는 반드시 책임을 져야 합니다.

부정적인 면

✿ 인간 불신

주위에서 당신을 어떻게 생각하는지, 조금 민감해지지는 않았나요? 성공은 했지만, 의심증이 심해져 인간관계가 악화할 수도 있습니다. 직감이 좋은 시기이니 마음이 끌리는 대로 행동하세요. 말만 앞서지 않도록 냉정한 판단으로 주변과 연계한다면 좋은 결과를 얻을 수 있습니다. 상대의 수입이나 첫인상 등 고정된 이미지로 사람을 분류하면 당신의 열등감만 심해질 뿐입니다.

✿ 배신

단결력을 높이고 팀워크로 성공을 붙잡는 시기입니다. 마음이 들떠 대담해지다 보니 자칫 경솔하게 약속을 하는 일도 있을 거예요. 항상 주변 사람들에게 성실한 태도를 보이세요. 사소한 거짓말이나 배신으로 신뢰를 잃을 수 있으니 가족이나 친구에게도 오만한 태도를 보이지 않도록 주의하세요. 또한, 타인의 험담이나 비판에 동조하면 그대로 다른 사람 귀에 들어가 곤란한 상황이 생길 수도 있습니다. 세상에 비밀은 없어요. 침묵이 금입니다.

✿ 모험심

친구의 연애를 부러워하는 한편 자신에게는 더 좋은 사람이 생길 거라는 자신감으로 허파에 바람이 들기 쉬울 때입니다. 바쁘다는 남자친구의 말을 믿지 못하고 다른 이성과 몰래 만나거나, 열정적인 구혼에 넘어가 몸을 허락하고 보니 상대가 기혼자라든지, 이 시기는 불륜이나 외도가 들통나 파국, 이혼, 위자료 배상 등 사회적인 제재를 당하는 사람도 많습니다. 노출 사진도 나중에 큰 문제로 이어질 수 있으니 충동적인 행동에 주의하세요.

✿ 소극적인 생각

마음속 어딘가에서 '어차피 나 같은 인간은 잘될 일이 없다'라고 자포자기하거나 소극적이지는 않았나요? 자신의 능력과 재능, 성공을 믿지 않는 사람이 다른 누구도 아닌 당신이라면 정말 슬픈 일이겠지요. 지금보다 자기 자신을 더 믿고 사랑하세요. 어쩌면 지금 당신이 자신에게 만족하지 못하는 이유는 과거에 가족이나 타인에게 들었던 말이 원인일지도 모릅니다. 조금씩 마음의 긴장을 풀고 타인의 평가에서 벗어나세요.

24 전진기 | 과거를 돌아보지 말고 새로운 한 발을 내딛으세요

긍정적인 면

❀ 과감한 행동

이 시기에 불안과 고민에 빠져 생각한 만큼 행동하지 못한다면 정말 안타까운 일입니다. 일이나 연애도 새로운 단계로 전진할 때이니 확실한 목표를 세워 한발씩 나아갈 용기가 필요해요. 많은 유명 인사들이 "하지 않고 후회하는 것보다 해보고 후회하는 편이 더 낫다"라고 말합니다. 도전하고 실패하는 것보다 두려운 것은 스스로 꿈을 접는 나약함입니다. 당신이 바라는 인생의 계획을 세우고 한 가지씩 실천해 보세요.

❀ 연구회

새로운 지식과 커뮤니티를 확장할 시기이니 세미나나 워크숍 등에 적극적으로 참가해 보세요. 다양한 분야의 사람과 교류하면서 실력을 키우면 일도 원활하게 돌아갈 거예요. 단 이 시기에는 사람을 가려서 사귀어야 합니다. 당신까지 나쁜 기운에 전염될지도 모르니 불평이나 험담만 늘어놓는 친구는 가능한 거리를 두는 편이 좋습니다. 긍정적인 환경이 중요할 때입니다.

❀ 독 립

독립이나 개업, 전직, 결혼, 임신 등 새로운 환경이 시작될 때입니다. 모든 일이 순풍에 돛을 단 듯 순조롭게 진행될 거예요. 다소 어렵게 느껴지는 일도 과감하게 도전하다 보면 당신에게 플러스가 됩니다. 변화를 두려워하지 말고 흐름에 몸을 맡기세요. 무엇보다도 이 시기에 일어나는 변화를 긍정적으로 받아들이고 유연하게 대응할 필요가 있습니다. 지금은 받아들이기 힘든 환경이나 상황의 변화도 시간이 지난 후 돌이켜보면 인생의 큰 전환기였다는 사실을 깨닫게 될 겁니다.

❀ 이벤트

적극적으로 이벤트에 참가하세요. 새로운 세계가 움직이기 시작하는 시기라서 새로운 만남도 많고 좋은 정보도 날아들 겁니다. 퇴근 후 바로 귀가하기보다는 친구들과 함께 좋은 시간을 보내는 것도 좋겠죠. 사람들이 북적이는 핫 플레이스로 여행을 떠나보세요. 직장과 집만 왕복하는 쓸쓸한 생활로는 새로운 만남도 기대하기 어렵습니다. 당신의 가능성을 확인하기 위해서라도 다양한 사람과의 커뮤니케이션을 즐기세요.

부정적인 면

❂ 포 기

한 단계 더 높은 곳으로 올라갈 수 있는 시기입니다. 지금까지 해온 일을 여기서 포기하면 그동안의 노력이 물거품이 됩니다. 주변의 부정적인 의견에 휩쓸리지 마세요. SNS나 인터넷에 빠져 지내다 보면 온통 타인의 일에만 신경 쓰게 됩니다. 온전하게 나만의 시간을 가져 보세요. '어차피', '어떻게 되든 상관없어'와 같은 부정적인 말은 절대 금지. 당신의 인생을 스스로 망가트리면 안 되겠죠. 모든 일은 마음먹기에 달려 있습니다. 긍정적으로 생각하면 무슨 일이든 할 수 있잖아요? 어차피 불가능한 일이라며 지레 포기하고 뒷걸음치지 마세요.

❂ 트라우마

과거의 연애 상처들이 트라우마가 되어 연애를 등한시하는 건 아닌가요? 평소 의식하지 않았던 동료나 친구가 연인 후보가 될 수 있는 시기이니 과거의 상처는 마음에서 떠나보내세요. 그리고 새로운 연애를 시작하세요. 밤하늘의 별만큼 많은 연인 후보를 두고 과거의 연애로 괴로워할 시간이 없답니다. 지금은 가만히 앉아 기다리기보다는 적극적으로 다가서는 게 중요합니다. 눈을 감고 왕자님의 키스를 기다리는 공주가 되지 말고 눈을 크게 뜨고 당신이 먼저 왕자님을 찾아 나서세요. 자, 때가 왔습니다.

❂ 질 투

자신을 다른 사람과 비교하지 말고, 자기가 느끼는 행복을 먼저 생각하세요. 주변의 질투도 당신에게 집중되기 쉬운 시기입니다. 목표를 명확히 설정하고 흔들리지 않도록 마음을 다잡으세요. 과거와 다른 자신이 되기 위해 노력하는 당신을 질투하며 발목을 잡는 사람도 나타날 겁니다. 친한 친구나 가족일 가능성도 있어요. 당신은 힘들게 도전을 하려는데 충고하는 척하며 반대하고 앞길을 가로막는 일이 있더라도 신경 쓰지 마세요.

❂ 무감정

최근에 무엇인가에 흥미를 느끼거나 감동한 일이 있나요? 혹시 반복된 일상에 매몰되어 어제와 같은 오늘을 살아가고 있지는 않나요? 새로운 발견이나 감동이 없다면 인생이 너무 무료하고 쓸쓸하지 않을까요. 당신은 어떨 때 행복하세요? 미술관이나 영화관, 일루미네이션, 불꽃놀이 등 당신이 설렐 수 있는 곳을 찾아서 감성을 자극해 보세요. 행복의 기준은 저마다 다릅니다. 먼저 내 삶을 이끄는 행복의 기준부터 찾으세요.

| 유명인 포춘 사이클 |

마인드 넘버

제시카 알바
(Jessica Alba)

셀럽 맘에서 기업인으로, 제2의 인생을 개척

이 시기에 새로운 인생을 시작한 여배우 제시카 알바. 데뷔 이후 관능적인 이미지로 활약했던 그녀는 영화를 촬영하면서 알게 된 캐시 워런과 결혼해 딸을 출산합니다. 일보다도 육아에 전념하던 어느 날 잠깐 한눈을 판 사이에 딸이 기저귀를 뜯어 입에 넣고 있는 광경을 보게 됩니다. 그때 놀란 경험으로 아이들이 사용하는 아이템은 입에 넣어도 괜찮을 정도의 안전성을 고려해야 한다고 생각하게 되지요. 30살 '개척기'에 자금이 마련되어 회사를 설립할 수 있게 됩니다. 31살 '가능성'의 해에는 거짓이 없다는 의미를 담은 '어니스트 컴퍼니(Honest Company)'라는 회사를 설립합니다. 또한, 그녀의 라이프스타일을 다룬 책도 발매하지요. 33살 '결실'의 해에 연간 수입이 약 1,894억 원을 달성하고 앞으로 더 성장 가능한 회사로 주목을 받습니다. 기업의 여성 임원을 모아서 강연할 정도로 기업가로서도 성공한 제시가 알바. 그녀가 밝힌 바에 의하면 회사를 세울 결심을 하고 자금을 조달할 때까지 약 2년이나 걸렸다고 합니다. 섹시한 이미지밖에 없는 여배우가 할 수 있는 일이 뻔하다는 무시를 당하면서 생각만큼 일이 진행되지 않아 답답하고 화가 나기도 했다고 하네요. 하지만 그 시기는 장녀가 출산한 '운명기'에서 '신뢰기', '전진기'로 이어지면서 그녀가 제2의 인생을 걸어가야 할 타이밍이었습니다.

금쪽같은 딸이 기저귀를 입에 넣은 충격적인 사건으로 아이디어를 얻어 회사를 설립. 여배우에서 기업가로 바닥부터 시작해 신뢰 관계를 구축해가며 투자자와 자금을 모아 경영자로서 전진하는 그녀의 삶은 포춘 사이클과 정확하게 맞물리고 있어요. 게다가 그녀는 도움이 필요한 아이들을 위해 회사의 수익 일부를 NPO에 기부하고 있습니다. 그녀는 여배우로서는 물론 기업가로서의 제2 인생도 멋지게 성공했습니다. 앞으로도 계속 눈을 뗄 수가 없겠지요.

마인드 넘버

니콜 리치
(Nicole Richie)

배드 걸에서 멋쟁이 셀럽 맘으로 변신

리치라는 글자가 나타내는 것처럼 니콜 리치는 유명한 소울 가수 라이오넬 리치의 딸입니다. 친딸은 아니지만 니콜 리치의 사랑스러운 모습에 반한 라이오넬 리치 부부가 양육하겠다고 제안을 한 것이 그녀가 3살이던 '전진'의 해. 물론 이 일은 그녀의 인생을 크게 바꾼 계기가 됩니다. 5살 때부터 부잣집 자녀들이 다니는 명문 학교에 입학해 부족함 없는 생활을 하면서 같은 부류의 친구들과 점점 나쁜 일을 벌입니다. 그런 와중에 라이오넬 리치가 이혼하며, 이후 아버지와 멀어지면서 더욱 배드 걸이 되어갑니다. 그녀의 절친 패리스 힐튼과 출연한 리얼리티 쇼〈더 심플 라이프〉에서 시청자들의 호응을 얻으며 큰 인기를 끌게 되지만, 시즌을 이어가는 동안 둘의 사이는 조금씩 나빠집니다. 날씬한 패리스 힐튼에 비해 니콜 리치는 약간 통통한 캐릭터였는데, 주위에서 걱정할 정도로 갑자기 살이 빠지면서 거식증설이 돌기도 했습니다. 마약 소지로 체포되는 등 굴곡이 심한 인생을 보내다가 25살 '운명'의 해에 밴드 맨 조엘 메이든을 만나 온화하고 부드러운 그의 영향으로 차분해졌다고 생각했는데, 26살 '신뢰'의 해에 다시 살이 빠지면서 화제가 됩니다. 여전히 파티 걸을 졸업하지 못한 그녀에게 조엘 메이든은 그런 생활에서 벗어나지 않으면 관계를 끝내겠다고 선언하죠. 그로 인해 니콜 리치는 생활을 개선하고 가정적인 그의 영향으로 첫 아이를 출산합니다. 27살, 인생 두 번째 '전진'의 해에 엄마가 된 그녀는 남편과 자선단체를 설립하고 신뢰를 얻으면서 이미지 변신에 성공합니다.

만약 니콜 리치가 '신뢰'의 해에 지금은 남편이 된 조엘 메이든의 충고를 무시했다면 어떻게 되었을까요? 그의 신뢰를 얻어 결혼도 하지 않은 채 아이를 낳고 '전진'의 해에 관계성을 한 단계 더 발전시킨 것은 최상의 선택이었다고 할 수 있겠죠. 결국, 두 명의 자녀를 낳고 살다가 라이오넬 리치가 연주하는 호화로운 결혼식에서 마침내 사람들의 축복을 받으며 정식 부부가 됩니다. '전진'의 해는 과감하게 한 단계 더 발전해야 하는 시기입니다. 멈추지 말고 작은 걸음이라도 앞으로 나갈 용기가 필요하지요.

Epilogue

마지막까지 읽어주셔서 감사합니다. 어떠세요? 포춘 사이클이 보여주는 대로였나요? 아니면 전혀 맞지 않았나요? 만약 맞지 않았다고 생각하신 분은 과거의 그 시기를 잘 떠올려보세요. 포춘 사이클이 전하는 메시지와 같은 '분위기'나 '기회'가 없었는지를.

당신의 인생이 포춘 사이클과 맞지 않더라도 당신만 행복하다면 상관없어요. 하지만 생각대로 일이 잘되지 않아 초조하거나 불안하거나 우울할 때는 현재의 사이클이 어떻게 흘러가는지를 이해하고 당신이 원하는 인생을 살아갈 수 있도록 궤도수정을 해보세요. 저는 지금까지 1만 명 이상을 감정했고 다양한 사람들의 인생을 봐왔습니다. 놀랍게도 꿈을 이룬 많은 사람의 인생은 포춘 사이클대로 흘러가고 있어요. 자신의 인생을 주위에 맞추기만 하는 사람은 사이클의 궤도에서 멀어지고 인생이 순탄하지 않았어요.

당신의 인생인데 자신이 이해하지 못하는 인생이라니 주객전도 아닌가요? 행복한 사람과 좀처럼 기회가 찾아오지 않는 사람의 차이는 행동을 할지 안 할지 그 선택에 달려있어요.

지금까지 사랑이나 비즈니스 기회를 놓쳐버렸지만, 사이클에서 궤도를 수정하고 행운을 붙잡은 사람도 많이 있답니다. 왜냐하면, 사이클을 알면 1년을 어떻게 지내야 할지 알게 되니까요.

지금은 정보가 넘치고 여성도 사회에 진출해서 남성과 어깨를 나란히 하는 시대죠. 무엇을 중요하게 생각하고 무엇을 선택하면 좋을지 고민만 하다가 문득 정신을 차려보면 1년이 훌쩍 지나버릴 때도 많습니다. 그래서 많은 분이 저에게 와서 시기를 알고, 또 그 시기에 필요한 행동을 하면서 꿈을 이뤄가는 것이겠지요.

단, 아무리 사이클의 흐름을 알고 있더라도 행동하지 않으면 아무 소용없어요. 상담을 오신 분들에게 사이클을 설명하면 이상적인 흐름이라거나 생각한 대로라고 말씀하십니다. 하지만 사이클은 어디까지나 그런 흐름의 운세일 뿐 절대적인 것은 아니랍니다. 사람은 무의식이나 의식적으로 매일 많은 선택을 하고 있지요. 만약 부정적인 선택만 한다면 어떻게 될까요? 트러블만 생기고 마이너스 연쇄작용으로 얽혀서 옴짝달싹 못 하게 되겠죠. 반대로 소원을 이루는 사람은 긍정적인 선택으로 끊임없이 행복이 찾아와 행운 체질이 되어간답니다.

지금부터 15년 전 저는 아무것도 가진 게 없는 사람이었습니다. 학력도 돈도 인맥도 없는 저는 주위에 있는 반짝반짝 빛나는 사람들을 늘 부러워했답니다. 저 사람은 좋아하는 일을 하고 있네, 남자친구도 일도 완벽하구나. 저는 부러워하기만 하고 행동할 용기가 없었어요. 하지만 죽음의 문턱까지 간 큰 병을 앓고 난 후 어느 순간 깨달았어요. 누구도 기회를 주지 않는다는 사실을. 만약 기회가 온다 해도 내가 멍하게 넋을 놓고 있으면 그 기회를 잡지 못한다는 사실을. 정말 기회를 원한다면 찾으러 가야 한다고 생각하게 되었어요. 그렇게 생각한 저는 학력도 돈도 인맥도 없는 상황을 부정적으로 생각하지 않고 없다면 만들면 된다고 결심했지요. 아무것도 없는 0의 상태에서 늘려가는 일만 남았으니 조금만 움직여도 1이 되고 바로 2가 되었어요. 그리고 그 수가 점점 늘어나서 결국 포춘 어드바이저라는 직업과 만날 수 있게 되었습니다. 게다가 고향을 떠나 도쿄로 와서부터는 낯가림을 조금씩 고쳐갔더니 해외에 친구도 생기면서 거짓말처럼 세계가 넓어졌습니다.

여러분도 후회 없는 인생을 보내기 위해서는 작은 용기와 긍정적인 마인드로 당신의 인생은 당신 자신이 만들어 가는 것이라는 사실을 잊지 마세요.
많은 책 중에 이 책을 선택하셨다면 당신의 무의식 어딘가에서 뭔가를 바꾸고 싶다는 마음이 요동치고 있던 겁니다. 이 책을 손에 넣은 시점에서 이미 당신은 전환기를 맞이한 것입니다. 부디 한 번뿐인 인생을 후회 없이 즐기세요!!

당신이 언제나 웃는 얼굴로 오늘을 보내고 내일을 맞이할 수 있기를 바라며…….

도쿄에서 이브루쿠도 하루키

역자 후기

인생을 조감하는 포춘 사이클

찰리 채플린이 남긴 "인생은 가까이서 보면 비극이지만, 멀리서 보면 희극"이라는 멋진 명언이 있습니다. 채플린의 말처럼, 인생은 가까이서 자세히 보려 하면 할수록 괜스레 트집 잡고 싶어지는 일이 많아집니다. 자꾸 어긋나고 틀어지고 그래서 마음에 상처가 나고 우울해지고 비극적인 장면 투성이지요. 분명 나중에 돌아보면 별거 아닌 일인데도, 그 자리에서 멀어지지 않는 이상 희극으로 대충 웃어넘길 수가 없습니다. 저에게 인생에 대한 소고를 덧붙여보라 하면, 먼저 '우연'이라는 단어가 떠오릅니다. 흔히들 우연이 쌓이면 필연이 된다고 말하지요. 그리고 살아보니 정말 많은 일이 우연의 점들로 연결되어 하나의 필연으로 형체를 드러내곤 했습니다. 결국, 우연이란 인생에서 정해놓은 하나하나의 점이고, 그 우연이 이어져 사건을 만들고, 그 사건이 계기가 되어 필연이라는 결과로 나타나 인생을 바꾸기도 하는 것 같습니다. 제가 이 책을 번역한 계기도 선배에게 걸려온 한 통의 전화로 시작된 아주 작은 우연이었습니다. 오윤호 선생님에서 출발한 점이 선배에서 저에게, 그리고 이 책을 기획한 별 출판사의 이자빈 실장님으로 연결되면서 마침내 한국에서 출판될 수 있었던 거지요. 처음에는 마인드 넘버나 포춘 사이클이라는 용어가 낯설었지만, 책을 읽다 보니 어느새 제 마인드 넘버 포춘 사이클에 나이를 기입하고 과거로 거슬러 올라가게 되더군요. 그리고 지나온 시간과 24개의 사이클을 맞춰보며 지금까지 살아온 인생을 이해할 수 있었습니다.

포춘 사이클은 인생이란 큰 그림을 멀리서 조감할 수 있도록 도와주는 어드바이저입니다. 포춘 사이클은 자신의 마인드 넘버를 찾으면 커다란 바퀴 속에 인생을 담아 천천히 돌리면서 24개의 사이클에 맞는 색의 도화지를 내놓습니다. 그 도화지를 받은 사람은 자신의 그림을 그리면 됩니다. 포춘 사이클은 그림의 방향을 잡아주고 좀 더 쉽게 그릴 수 있도록 도와주는 역할을 해준답니다. 지난 몇 년부터 안개 존에 있던 저는 시련과 변화, 휴식, 불안 등의 도화지를 받으며 무언가를 그려왔겠지요. 그동안 도화지에 그린 그림들을 떠올려보니 채플린의 말처럼 희극은 아니었지만, 하루카 씨의 말처럼 잘 견뎌온 것만은 사실입니다. 그리고 올해 불안기에 이 책을 기획한 이자빈 실장님과 더불어 포춘 사이클과 인연을 맺게 된 것입니다. "좀처럼 안일한 생각에서 빠져나올 수 없는" 불안기였는데, 다행히도 마감이 정해진 책 번역이 주어지면서 정말 안일하지 못한 몇 달을 보냈습니다. 그리고 결과적으로 불안기의 도화지에 이 책을 그릴 수 있었던 거지요. 덕분에 오랫동안 바라오던 번역의 세계에 새로운 한발을 디디며 미래를 위한 토대를 다질 수 있었습니다. 우연한 만남이 불안기의 도화지에 인생의 멋진 한 장면을 그리게 도와준 것입니다.

이 책은 당신의 인생을 멀리서 바라볼 방법을 알려줄 거예요. 희극일지 비극일지 장담은 못 해도 사이클에 숨겨진 인생의 도화지 색을 알게 되면 당신 인생에 그려야 하는 그림을 상상할 수 있답니다. 당연히 다음 인생에 주어질 색도 알 수 있으니 밑그림 정도는 생각해 두면서 미리 준비할 수 있겠지요. 비록 지금은 비극이라며 푸념할지 몰라도, 포춘 사이클로 인생을 조감할 수 있게 되면 차분한 마음으로 현재의 비극이 희극으로 바뀔 날을 기다릴 수 있을 거예요.

이 책이 당신 인생에도 멋진 한 장면을 남길 수 있기를 바랍니다.

옮긴이 **양지영**

일본 쓰쿠바대학교 대학원 인문사회과학연구과에서 박사학위를 받았다. 전공분야는 한일비교문화론이고, 현재 숙명여자대학교에서 강의를 하고 있다. 1920-30년대 자료를 주제별로 모아 번역해서 엮은 『식민지 조선의 음악계』, 『재조일본인이 본 결혼과 사회의 경계 속 여성들』과 같은 역서를 출판하기도 했다. 포춘 어드바이스와의 인연은 깊지 않지만, 남들만큼의 관심은 있어 우연한 기회로 찾아든 이 책을 번역하게 되었다.

행운을 부르는 포춘 사이클

인생의 사이클을 알면 미래를 바꿀 수 있습니다.

초판 1쇄 2017년 10월 30일
지은이 이브루루도 하루카
옮긴이 양 지 영

펴낸이 이 자 빈
편집디자인 . 마케팅 고도디자인 팩토리
일러스트 이 창 준
제작처 잉컴

펴낸곳 별출판사
출판등록 2013년 10월 7일 제2013-000295호
주소 서울시 마포구 월드컵북로74 진영빌딩 5층
전자우편 adjani1004@naver.com
전화 02-338-3496 **팩스** 02-338-3498

ISBN 979-11-962108-0-9

*잘못 만들어진 책은 구입하신 서점에서 바꾸어 드립니다.
*값은 표지 뒷면에 표시되어 있습니다.

*「이 도서의 국립중앙도서관 출판예정도서목록(CIP)은 서지정보유통지원시스템 홈페이지
 (http://seoji.nl.go.kr)와 국가자료공동목록시스템(http://www.nl.go.kr/kolisnet)에서
 이용하실 수 있습니다.(CIP제어번호: CIP2017026538)」